消失的劳动者

百万无业中年的困境与出路

日本 NHK 特别节目录制组 著

李立丰 / 宋婷 译

中国出版集团 东方出版中心

图书在版编目（CIP）数据

消失的劳动者：百万无业中年的困境与出路 / 日本
NHK特别节目录制组著；李立丰，宋婷译. -- 上海：东
方出版中心，2024.5

ISBN 978-7-5473-2374-8

Ⅰ.①消… Ⅱ.①日… ②李… ③宋… Ⅲ.①就业问
题-研究-日本 Ⅳ.①D731.382

中国国家版本馆CIP数据核字（2024）第073453号

上海市版权局著作权合同登记：图字 09-2024-0282

消失的劳动者：百万无业中年的困境与出路

著　　者	日本NHK特别节目录制组
译　　者	李立丰　宋　婷
策划编辑	陈哲泓
责任编辑	时方圆
装帧设计	左　旋

出 版 人	陈义望
出版发行	东方出版中心
地　　址	上海市仙霞路345号
邮政编码	200336
电　　话	021-62417400
印 刷 者	上海万卷印刷股份有限公司

开　　本	890mm×1240mm 1/32
印　　张	6.25
字　　数	90千字
版　　次	2024年6月第1版
印　　次	2024年6月第1次印刷
定　　价	49.80元

目 录

前　言

　　就在本书写作艰难推进的 2019 年，"家里蹲"[1] 现象作为重要的社会问题不断发酵，开始在日本引发关注。

　　这一切的发端，始于 2019 年 3 月，当时的日本内阁府公布了关于"中年家里蹲"实态调查的结果。数据显示，40 至 64 岁的群体中，茧居家中闭门不出半年以上者，超过 61.3 万人。

　　其中，男性占比七成以上，且有近半数在过去的七年间一直维持着这种所谓"家里蹲"的生活。上述调查结果引发各界关注。为何年富力强、本应作为一家顶梁柱的男性却不外出工作，甘于"家里蹲"呢？

　　日本内阁公布的调查结果中还有一点值得关注。说到

1　"家里蹲"（ひきこもり），又译为"蛰居族""茧居族"，由两部分组成，其中的引き（ひき）意为"退隐""抽离"，而笼もり／隐り（こもり）意为"隐蔽""社会退缩"，主要指因罹患疾病或精神衰弱而长时间待在自己家中或者房间里，不能参与社会活动的一种状态。本书注释如无特别说明均为译者注。

"家里蹲"，往往会给人一种闷在家里不出来的印象，但实际上"中年家里蹲"并不是闭门不出。

上述调查中，对于受访者的外出频率设问如下：

① 因工作或上学，工作日每天外出

② 因工作或上学，每周外出三四次

③ 频繁外出游玩

④ 为了交际，偶尔外出

⑤ 平时在家，只在有自己感兴趣的事情时才会外出

⑥ 平时在家，但会去附近的便利店

⑦ 会出自己的房间，但足不出户

⑧ 几乎不出自己的房间

一般认为，选项⑤至选项⑧属于"家里蹲"的典型表征，但其中能够被视为足不出户的只有选项⑦和选项⑧。而选择这两项的受访者加起来的比例也只有15%左右。也就是说，被打上"家里蹲"标签的人，大部分绝非闭门不出。

那么，问题的症结又在哪里？

诚如调查结果所示，"家里蹲"，一般指代平常待在家里，但偶尔也会外出的特定人群。但是，他们不会积极主动地前往具有社会属性、能够与他人积极建立联系的场所，如公司、学校等。总之，即使外出，"家里蹲"也几

乎不与他人建构人际关系。

可以说，这是一个"无法与社会接触"、处于孤立状态的群体。这些人需要找回与社会的联结点。应当将帮助"家里蹲"在参与工作前获得与他人联系与沟通的机会，作为帮扶的关键环节，而这，也得到了调查结果的印证。

然而，问题是，为什么会出现"家里蹲"的状态呢？就在日本内阁实施上述调查的前一年，日本放送协会（NHK）播放了特别节目《消失的劳动者：放弃工作……》，捕捉到了长期不工作、逐渐被社会孤立的部分中年的群像。曾直面就职冰河期[1]的四十岁一代，以及曾亲历非正式雇佣[2]制逐步扩大时代的四五十岁群体，在泡沫经济崩溃的冲击下，职业生涯始终坎坷，不再工作。

还有一点就是，越来越多的日本人以照顾父母为由退出职场。他们本来因为经济拮据选择自行照顾父母，但由

1　就职冰河期，一般指 1993—2004 年间在日本出现的就业难现象，以日本泡沫经济崩溃为开端，日本各大企业集中录用应届毕业生的人数下降，即便大学毕业生也很难获得正式工作，只能作为非正式员工打零工，与此同时，日本的失业人数增加，失业率上升。

2　非正式雇佣，相对于日本正式员工等正规长期雇佣而言，根据合同在特定时期内从事劳动的形式，具体包括契约社员、委托社员、派遣劳动者、兼职打工等。据日本厚生劳动省调查，目前日本劳动力中大约四成为非正规雇佣，相对于正式雇佣，非正式雇佣往往被认为存在"雇佣时间有限""低工资和低待遇"以及"同工不同酬"等问题。

于分身乏术一筹莫展，就连兼职打工都无以为继，最终陷入穷途末路的状态。

日本内阁所做的上述调查再次证明深陷困境者为数不少。

我们也发现，无法长期工作，也就是长期"家里蹲"的人，在本该是年富力强、奋发有为的中坚世代中的数量不断递增，而这种现象并非日本独有。作为发达国家的通病，劳动者之间存在格差，处于弱势地位的劳动者往往被"排斥在劳动市场之外"。面对日益凸显的问题，在美国出现了"消失的劳动者"（Missing Worker）一词，用来指代想工作却无法加入职场的特定群体。

后文将对此加以详述。问题在于，为什么在日本，"消失的劳动者"，即选择"家里蹲"的中年群体人数会越来越多呢？原因之一就是，父母的养老金使得长期"家里蹲"成为可能，而且由于无法重返职场，这些人的身心状态与"工作状态"渐行渐远。

由于父母有养老金，所以在周围的人看来，选择"家里蹲"的人群不像是遇到了什么困难，尽管存在某些风险，从外部却很难发现。因此，不断出现情况惨重的案例，例如直到父母去世而养老金停发时，帮扶救助机构才发现死者已经五六十岁的孩子居然保持着"家里蹲"的状态，只能诧异于"为何没能早点发现类似情况"。

从亲子关系角度而言，中年世代的父母年龄大多在七八十岁左右，的确需要有人照顾。而照顾父母也成了孩子的"免罪金牌"。他们往往会自我暗示，告诉自己不是不想工作，而是不能工作：因为自己要一心一意照顾老人，才会不堪重负；给父母养老的重压导致自己身心受到摧残，才被迫进一步远离了工作。我们在采访中就遇到了许多类似的案例。

每每被问及如何看待为照顾年迈的父母而辞去工作并与其共同居住的选择时，笔者总是告诫对方，不要辞掉工作。是否与父母同住固然是个人的选择，但一旦成为"消失的劳动者"，就会面临莫大的危机，比如变得更为孤立，不仅会受到劳动力市场的排斥，总有一天更会面临被社会淘汰的巨大风险。

2019年发生的一起骇人听闻的事件提升了日本社会对"家里蹲"现象的关注度。就在内阁调查结果公布后的两个多月前，即5月28日早上，在神奈川县川崎市的一处住宅区的路上，时年51岁的男性凶犯杀害了一名上学途中的小学生，随后当场畏罪自杀。这一惨剧瞬间打破了当地的平静。

据媒体报道，该男性凶犯与伯父伯母一起生活，无业，处于"家里蹲"状态。令人警觉的是，在这个当口，电视节目大量地使用"家里蹲"一词，其表达方式让人感觉这种状态非常危险。

即便没有此类报道，被唤作"家里蹲"的群体也往往被社会孤立。令人担忧的是，拜上述负面新闻所赐，被打上"危险人物"标签的"家里蹲"群体遭受冷眼，变得更加孤立，面临的情况雪上加霜，甚至被逼入绝境。

同样令人担心的是，与中年无业子女同居的父母会害怕孩子做出类似事情，从而萌生不必要的不安。众所周知，很多人选择"家里蹲"，只是因为职场失意，或因为无法兼顾照顾父母与个人发展以至于被迫失业。也就是说，可以将其视为别无任何问题的"消失的劳动者"。

不少人因长期处于无业状态，变得有些沉默寡言，不擅言谈，但大多数"家里蹲"也能正常过日子。即便如此，时常能看见媒体关于这个群体的报道，其内容非常令人气愤。他们其实和普通人别无二致，仅仅因为没有工作和收入，就横遭他人白眼。

当然，有必要对长期不事劳作的人群提供就业促进服务等援助。但是，他们绝不是社会中的危险因素。不过，有一点必须明确：成为"家里蹲"的理由因人而异，比如工作受挫、失业、生病、照顾家人，或者由诸如此类的多重因素相互叠加。

其中，部分"家里蹲"罹患精神疾病或发育障碍。可能还有一部分是因为家庭暴力、校园霸凌而备受精神摧残，最终选择"家里蹲"。类似的原因还包括吸食违禁药物、参与赌博、沉迷游戏等。总之，必须充分考虑各种情况。

其中少部分人因为长期闭门不出，可能精神状态不甚稳定，萌生攻击他人的想法，但这实属特例，多数人不但不会如此，反而更为安分老实。

然而，就在神奈川事件报道后的短短四天之后，在东京都练马区的一处住宅内，76 岁的父亲亲手杀死了 44 岁的长子。受害人不事劳作，长期"家里蹲"，每天玩游戏混日子。父母常年遭受儿子家暴，最终被逼无奈，痛下杀手。

在这两起案件中，当事人都没有得到任何支持，进而摆脱"消失的劳动者"的状态，剩下与其同居的家人愁眉不展，孤立无援。为什么他们始终没有得到必要的救助，最终走上绝路呢？

2019 年 12 月 11 日，东京地方裁判所适用裁判员制度开庭审理了"练马区父亲杀子案"。

根据开庭陈词，被告的长子，即死者，在中学时代曾遭受霸凌，遂将自己关在家里，不久后便开始对母亲施暴。上大学后，死者开始独居，但在事发前一周，返回了老家。

死者一个人生活时，从来不打扫房间，并在因此遭到责怪后对父亲施暴。想必他的父母会担心又要过上饱受家暴折磨的日子而感到恐惧绝望吧。

法庭上，还宣读了父亲在案发前写给妻子的一封信。

信中写道："恐怕只有出此下策了。我会找个充当墓地的旮旯。看到这封信后，请把我的骨灰撒在那里，英一郎的也这样处理吧。"

在证人诘问环节，死者的母亲出庭，证明长子从初中二年级起就开始对自己实施家暴。事发前一周，父亲还遭到了长子的残忍毒打。死者的妹妹痛苦地表述，因为哥哥的原因，自己的婚事黄了，甚至一度寻过短见。而她的母亲也曾在 2018 年 12 月试图自杀。最后，母亲哽咽着诉说："老头子为了这个儿子，什么办法都想过了，请从轻发落，求求您了。"

辩护方还提出，死者生前曾被诊断患有精神分裂症和阿斯伯格综合征。

该案于 2019 年 12 月 16 日宣判。检方求处惩役八年，但最终量刑结果为惩役六年。辩护方还请求对被告人处以缓刑，但裁判长认为父亲实施的是"怀有强烈杀人动机下的冲动行为"。判决表示，死者虽然罹患发育障碍，好歹也在网上也建立了属于自己的人际关系，虽然不能否定父亲一直努力支持无业的长子这一事实，但任何人都没有权利单方面剥夺他的生命。

通过采访这些家庭，能够深刻地感受到，不能仅仅根据父母的素养、家庭的宽裕程度等外部表现，就轻易判断我们对"家里蹲"群体的帮扶咨询是否到位。这两起事件的当事人及其家属无疑都承受着极大的痛苦。原因之一，便是实际上帮扶机制并不完善。表面上看，可以说是家庭问题，即养育了长期不事劳作的中年子女。正常来说，因精神疾病或发育障碍，以及家庭成员关系紧张等而无法参与工作的人，可以通过生活穷困者帮扶窗口提供的就业帮扶等渠道求助，然而目前的情况并非如此。因此相关专家提供的治疗以及悉心关怀尤为必要。

如果只由家人来承担这一切，想必总有一天这个家会被迫走上绝路。还有一个比较棘手的问题，那就是如果家人不在了，也就是"父母去世后"，情况又会怎样。

日本政府一直致力于构建一个能够让精神病人无须住院、可以在家里或社区正常生活的社会。但是另一方面，对这些居家人士的援助工作并不充分。可以认为，此类家庭真正需要的是居家诊疗，即由临床心理师和精神科医生构成的医疗团队提供上门问诊的体制。

但各地的落实情况各有不同，不少地方不仅缺乏医疗团队，连上门问诊服务都无法提供。

上述事件表明，不应该将"家里蹲"一概归为"消失的劳动者"，也不应该将其排除在劳动市场之外，与社会隔绝。地方政府和本地社群应当对他们予以关注，通过社会关怀营造一个令他们感到安心的氛围，避免其家人陷入困境。

而且，可以断言这些人绝不会惹是生非，对于大多数"消失的劳动者"来说，最重要的是恢复与社会的联系，并最终能够重新回归劳动市场。

只要人们有勇气去关注他们，并尽绵薄之力，就有可能实现上述目标。然而，如今个人主义盛行，从这个意义上说，我们的社会正面临严峻考验。

最后，希望诸君首先了解一下"消失的劳动者"背后的故事。同时，恳请大家理解谁都有可能成为"消失的劳动者"的可怕之处。更进一步，让我们一起反思可以做些什么，以便让这些人再次融入社会。

第一章

何谓"消失的劳动者"

身处底层的中年

现如今，在日本，四五十岁的中年群体出现了异变。其中很多人不工作、不求职，单纯依靠父母的养老金过活。这种"隐性贫困人口"的数量正在急剧增加。大多数情况下，等到这些人的父母去世，周围的人开始注意到他们时，事态已经发展到积重难返的地步。他们成日闭门不出，难以回到职场或重建自己的生活。

为什么中年人会沦为"家里蹲"呢？这与各种社会结构性因素有关。也就是说，恐怕今后陷入这种状态的中年人数还会继续增加。

这些人的父母往往年过八旬，靠着养老金生活，同时担心无业单身的中年子女的未来，甚至有人最终被逼得走投无路，选择杀子或自杀，这使得"掉队的中年"问题开始受到社会的关注。在劳动力不足的日本，本应是年富力强、勤劳工作的一代人惨遭社会淘汰，难道要对此听之任之？问题的根源究竟在哪里？通过深入采访四五十岁的"家里蹲"，我们发现，这代人，无论是谁，都有可能陷入同样的境地。

2021 年日本再次主办东京奥运会，而现如今四五十岁的中年人是在 1964 年东京奥运会之后的那段时期度过了自己的童年，其中大多数人成长于号称"一亿总中产"[1] 的工薪阶层家庭。但这一代人目前正面临不同寻常的变化。我们普遍认为，四五十岁正是年富力强、勤劳工作的当打之年。但是，生于中产家庭、童年时享受过经济高速增长所带来的舒适生活的这一代人，在成长过程中，不断面临巨变时代的嘲弄。

其中之一，就是泡沫经济的破灭。而且，正值不惑之年的这代人经历过就业冰河期，即使从四年制大学毕业，也有不少人在校招时无法求得一份正式的工作。另一方面，随着人才市场流动化的推进，非正式雇佣制迅速普

1　一亿总中产，或称"一亿总中流"，是 20 世纪 60 年代在日本出现的一种国民意识，在 20 世纪七八十年代尤为凸显，当时在终身雇佣制下，九成左右的日本人都自认为是中产阶级。"消费是美德""金满日本"成为当时的社会风气。1991 年泡沫经济崩溃后，有人认为一亿总中流也随之崩溃。但日本政府的"国民生活民意调查"中"生活程度"项目显示，只有一成以下的国民自认属于下层阶层，因此一亿总中流的概念并未消失。

及，因工作方式多样化带来不同的选择，这一时期不少人在就业时选择了非正式工作。这也是当今四五十岁的人被称为"非正式第一代"的原因。

但是，非正式工作大多并非长久之计，往往三年工作期限临近时，就不得不跳槽。年轻时，固然可以马上找到下一个工作岗位。然而一旦超过35岁，由于年龄等方面的限制，往往找不到什么好工作。如果是正式员工，会被安排有意义、有成就感的工作，工资也会不断上涨，但如果是非正式员工，过了而立之年，薪酬待遇反而会下降，收入也会随之减少。

如此一来，由于收入不稳定，这一代人中"单身"居多。据统计，四五十岁的中年单身人数高达750万。由于无须承担自身家庭负担，在需要照顾父母时，不少人选择与父母共同生活。此外，如果是非正式雇佣，随着年龄的增长，收入等待遇下降，即使他们此前一度离开父母，也会迫于现实，因为无法独立生活，不得不再次和父母共同居住。这种情况可谓屡见不鲜。如此这般，中年单身子女和年迈父母组成的家庭变得越来越多。

正式员工变成非正式员工

还有不少人本来是正式员工，但因某些变故，最终沦为"家里蹲"。

如今，日本有大量中小企业面临倒闭或业务收缩，导致其员工不得不重新求职，被迫走上非正式雇佣之路。有人说这几年日本劳动力不足，但其实不足的是"非正式员工"，正式员工的岗位并没有实质性增加。

还有一种情况是，因照顾父母，不得已辞去正式工作，转而打零工。在采访的过程中，也遇到过有人因要照顾身远方的父母，辞掉工作，返乡与父母共同生活，一边打零工，一边照顾父母。其实，在采访过程中，身边就有同事咨询："父母需要照顾，只好和他们共同生活，但又不得不辞掉工作，我该怎么办？"对于这样的同事，只能如实地告诉他们真实的采访体会："照顾父母会持续很长一段时间，而在父母去世后，你还有相当长的人生之路要走，如果辞去工作，经济状况会比较拮据。"最终，这位同事选择继续工作，把父母送进养老机构。"我真是个不孝子！"他慨叹道。这一幕至今让人难以忘怀。但应该没人能责怪他做错了。因为当"工作"和"父母"这两个选项摆在面前时，需要注重什么，该选择哪一个，对谁无疑都是非常棘手的难题。

另一方面，在对家有老人的家属进行采访时，能够深切感受到，如今这个时代，仅由家属承担照护老人的重担无疑非常困难。孝顺父母的孩子觉得由家人看护老人天经地义，往往也做好准备肩负重任，然而，颠覆传统观念的时代或许已悄然到来。

就照顾父母这个问题来说，无论是正式员工还是非正式员工，都会面临人生的重大抉择。这种选择不仅关乎父母的照护，更会影响自己未来的养老大计乃至整个人生。故此，由衷希望大家做选择前三思，认识到父母养老问题和我们每个人都密切相关。

从统计数据中"消失"的劳动者

回到之前的话题。与父母共同生活的中年单身群体会遭遇哪些问题呢？如果工作顺遂、父母身体健康，自然没什么问题。然而，如果不是正式员工，属于非正式雇佣人群，虽然暂时可能也不会遭遇什么问题，但还是存在发生问题的风险。

如前所述，非正式雇佣是短期工，到了期限就不得不跳槽。而且年纪越大，就越难找到下一份工作。再者，如果共同居住的父母生病或需要人照顾，就业前景就会雪上加霜。

进一步说，使问题变得更加严峻的要因，其实是父母的"养老金"。日本"家里蹲"的父母，大多出身于所谓

"一亿总中产"的工薪阶层家庭，因此现在基本上都能享受一定数额的养老金。这样一来，他们的孩子即使没有收入也能生活下去，让人难以从外部发现问题。

最终，这些中年人依靠父母的养老金，专职看护，长期脱离职场，甚至都没精力光顾职业介绍所。

就业数据统计对象也包括求职者，并将其归入"失业者"一类。在日本，四五十岁群体中，失业者高达 72 万人。然而，那些长期不工作也不求职的人连"失业者"都算不上。

调查发现，在日本，四五十岁年龄段中选择"家里蹲"的人数多达 103 万。这个年龄段的人明明年富力强，非常适合工作，却被排除在就业统计对象之外，成为"消失的劳动者"。难道我们真的可以对此置若罔闻吗？

"103 万名消失的劳动者"带来的冲击

之所以能够抓住"消失的劳动者"这个关键词，在某种程度上要归功于另一档关于美国经济的电视节目。特朗普政府执政期间，美国经济状况曾一度有所好转，但劳动者的收入却没有提高，对经济发展信心明显不足。对此，美国相关智库分析了原因，结果令人大跌眼镜。以下是该智库的分析结论：

失业率确实有所改善。但另一方面，非正式雇佣劳动者一旦人过中年，如果跳槽失败，之后长期脱离职场，便会放弃求职，淡出劳动力市场。其结果是，无法在就业统计数据中得到体现、同时又处于长期不工作状态的所谓"消失的劳动者"人数激增，势必阻碍经济的良性循环。

了解到美国这一研究结果后，必须意识到，日本"非正式第一代"劳动者也已步入中年，而如今的日本也出现了与美国同样的情况。有鉴于此，日本放送协会特别节目组在日本总务省统计研究研修所研究员西文彦的协助下，开始就日本"消失的劳动者"的数量开展调查。

与美国的统计方法稍有不同，西文彦将"不寻求工作的无业者"也纳入统计范围。结果令人震惊，现实情况是，四五十岁年龄段的日本人当中，约存在103万名所谓"消失的劳动者"。

而且，仅这一年龄段中，就有近800万人属于非正式雇佣劳动者，随时面临转职。另外因跳槽失败而失业的人数约为72万。可见，今后"消失的劳动者"群体数量还会进一步增加。

在把握这一整体情况后，为了揭开"消失的劳动者"

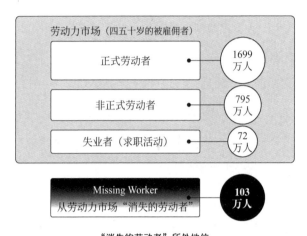

劳动力市场（四五十岁的被雇佣者）

正式劳动者	1699万人
非正式劳动者	795万人
失业者（求职活动）	72万人

Missing Worker
从劳动力市场"消失的劳动者"　103万人

"消失的劳动者"所处地位

出处：《劳动力调查》，2017年

的面纱，我们采访了很多人，其中有人因赡养父母而失业，也有人因疾病或非正式雇佣等陷入困境，无法自食其力。最后，我们把实际案例和总体状况的相关数据整合起来，制作了日本放送协会特别节目《消失的劳动者：放弃工作……》。

下文将在调查结果的基础上，详细解析这一令人震惊的现象背后错综复杂的社会结构性因素，如非正式雇佣劳动体制和小家庭化、护理行业人力不足等，并展现未能在节目中播出的更多内容。

辞职照顾母亲

2017年11月，已是深秋时节，天气微凉，节目组第一次拜访川本正（化名）先生。川本家位于名古屋市南部的工业区，是一栋有些年头的破旧长屋[1]。

按下门铃后，门被拉开。出来迎接我们的，正是川本。他身材高大，弓着腰，深深鞠躬表达问候。

"欢迎欢迎。家有点小，不好意思啊。"

川本流露出充满歉意的表情，似乎因为平时没什么机会和人见面，感觉很久没有和别人说过话了。

川本先生及其卧病在床的母亲［和子（化名）女士］

接受采访时，川本已经57岁了，如果还在公司上班，或许会混得有头有脸。但是，他穿着与其年龄多少有些违

1　长屋（長屋），日本从江户时代开始使用的一种古老的木造住宅形式，每一户房屋并排而建，相邻的房屋共用一堵墙壁，属于很多家人生活在同一屋檐下的相互扶持的生活状态。

和的运动服，向我们解释自己为了照顾母亲不得不辞掉工作。原来，川本觉得自己单身一人，没有负担，便选择辞掉工作与母亲共同居住，全职照顾老人。虽然在护理之余本可以干一些力所能及的工作，但老母卧床不起，需要随时有人呵护左右，所以川本也没有去打零工。玄关尽头，是一间大约四叠¹大的房间。川本的母亲和子女士（81岁）就躺在里面的护理床上。和子女士不好意思地说："我这个样子实在抱歉，别客气，请自便。"

正巧赶上午饭时间，川本准备给母亲做午饭。厨房在客厅后边，非常狭窄。水槽旁边放着洗衣机，周围还晾着衣物。虽然家里收拾得整整齐齐，但房间的面积确实相当逼仄。

川本用燃气灶加热速食粥。在被问及"要做点什么菜"时，川本回答说："把冰箱里的炒菠菜和紫菜放在粥里。因为白粥本身没啥味道，所以尽量放些蔬菜或者海货。母亲的牙也掉光了，因此粥要很烂，而且必须是稀的，否则她喝的时候可能会被噎住。"

做好之后，川本把粥放到床前的桌子上，叫醒母亲，

1　叠（たたみ），日文"榻榻米"的汉字形式，需要指出的是，一张榻榻米，即一叠的面积，在日本各地存在一定差别，但基本上都维持在 1.6 平方米左右。

然后用勺子盛一口粥，吹了几口，送到母亲的嘴里，还得不时用纸巾给她擦拭嘴角。从准备饭菜，到给母亲喂饭，川本都需要亲力亲为。

即便护理需求等级较低，仍令人身心俱疲的居家照料

"吃的怎么样？"我们询问和子女士。

和子女士有些耳背，似乎没有听见问话。川本便提高嗓门复述了一遍："他们问您饭好吃吗。"

"口感绵软，也很清淡。"和子回答说。

看来和子女士能够正常进行对话，我们便继续问道。

"一直都是儿子给您做饭吗？"

但面前的这位老人似乎并不愿意回答这个问题。于是我们换了个话题。

"儿子这么细致地照顾您，真是多亏了他呀。"

和子女士依旧保持沉默，也不点头。或许她不想谈及有关儿子的话题，于是我们只好再次尝试搭话。

"今天感觉身体如何？"

川本像是在做"翻译"一样，大声地复述了一遍。"他们问您今天身体怎么样。"

"啊，冷的时候还是会腰疼。"

和子女士总算回答了我们的问题。

"吃饭时还是很有精神呀。"

"吃不完的话就会剩下来，所以儿子一般只做够我一顿吃的。"

和子女士的"护理需求等级"属于第二级别。所谓"护理需求等级"，是指日本看护保险制度所划分的看护等级认定，其中第一级别护理需求最低。即便如此，吃饭、换衣等仍然都需要他人帮助。和子女士一天大部分时间都在床上度过。由于实施了造瘘手术，如厕也需要儿子帮忙。

除了每周一次专人上门护理和每周三天日间看护之外，其他时间段川本都要待在家里照顾母亲。对于这位老母亲来说，别说吃饭、上厕所以及换衣服，就连在床上起身或翻身看个电视，如果没有川本的帮助，很多时候都力有不逮。

"因为母亲无法行走，如果要移动位置，基本上都需要我去搭把手。"川本说道。

从正式员工到非正式员工，再到无业者

其实在辞职照顾母亲之前，川本的经历也可谓十分坎坷。本来，川本是对工作干劲十足的有志青年。高中毕业后，他最开始在一家金属加工厂当正式工。他埋头工作，刻苦学习了很多技术，为人老实可靠。但是，老好人的性

格使川本总是难以拒绝他人委托的工作，日积月累，最终发展到远超个人能力的地步。即便如此，责任感极强的川本仍然为了不负使命，勉强自己不断加班。当然，超负荷的工作状态绝非长久之计。疲于奔命的川本，累垮了身体，无法继续工作，最终不得不饮恨辞职。

即便身体恢复后，川本也还是找不到正式工作，只能辗转打些零工。由于收入很不稳定，川本一直没有结婚，和父母共同生活至今。即便如此，父母身体尚佳时，亲戚还是会时常走动，聚在一起热热闹闹迎接新年。靠着打零工，再加上父母的退休金，川本和父母依旧可以维持正常的生活。

然而，2014 年，川本的父母相继病倒，安定的生活开始风雨飘摇。彼时，川本的母亲因腰伤卧病在床，父亲的心脏病也开始恶化，严重到无法起床的地步。

父母的床铺在一楼靠近厕所的一间四叠大的狭小房间里。与父母共同生活多年的川本，认为只能由自己承担照顾父母的责任，于是开始在家悉心照料父母。此前川本主要靠帮人搬家赚取兼职收入，但后来因照顾父母，连这份工作也不得不忍痛放弃。

川本一家就此没了收入来源，只能靠养老金维持一家三口的生活。老两口的养老金加起来是 26 万日元。川本家居住的长屋是租来的，每月房租 5 万日元，水电费、燃气费等加起来 1 万多日元，所以实际可用作生活费的，剩下 20 多万日元。

考虑到老人的医疗费和看护费，一家只能勉强度日。话虽如此，川本即使不工作，倒也能维持温饱。然而，辞职在家，整日照顾父母，久而久之，川本自己的精神状态开始备受重压。

另外，照料父母的日子远比预想的更长，甚至让川本改变现状的动力也消磨殆尽。

川本说："还没有购置护理床时，老两口就只能躺在地板上。如果我不在家里照顾他们，父母根本就生活不下去，所以只能尽量提供一些力所能及的帮助。但总感觉自己变得有点神经兮兮的，完全不想面对工作。"

川本父母的病情相继恶化，需要经常办理住院或出院手续，因此往返医院的麻烦事接踵而至，医疗费用的负担也落在川本的肩上。

然而，真正的噩梦接踵而至。川本的父亲因心脏病溘然离世，全家的收入随之骤降。2017 年 5 月份，川本第一次前往当地市政所，表示家里入不敷出，仅靠母亲的养老金无法过活。

根据建议，川本咨询了市政所生活穷困者帮扶部门。

窗口负责人对他充分照顾，想办法增加护理服务，以减轻川本的护理负担。理想状态下，如果负担得以减轻，川本就可以想办法找份工作，以贴补家用。

川本表示："所有的积蓄已经用光了。我也向政府那边咨询过了，还跟舅舅借过钱，目前实在没招了。"

然而，即使照顾母亲的负担减轻，川本也无法重返职场。在过去的 4 年间，封闭的生活导致川本缺乏和别人交流沟通的自信，根本无法完成工作。如今，想必这个大男人除了将照顾母亲作为自己不去工作的正当理由外，没有其他借口为"家里蹲"的自己开脱了吧。

老伴儿去世后，川本的母亲一个人睡在四叠大的房间，里边还有一台小电视。电视旁边，设有一尊小小的佛龛，摆放着一张川本父亲健在时的照片。这是老头子去鹿儿岛旅行时拍的。没有了父亲的养老金，川本家每月的收入降到 16 万日元。我们看了下川本家的存折，发现余额只有 1 万日元左右。

川本表示："我想一直照顾母亲，陪她走到最后。总之，现在只想做我能做的事，不太会去琢磨将来会怎样。"

一边从事不稳定的工作，一边照顾父母，猛然发觉之时，却已然失去工作的能力。可以说，上面提到的川本，算是"消失的劳动者"的典型。

如何拯救这样的父母和子女？

几天后，地方政府生活穷困者帮扶窗口的负责人赶到川本的家中。名古屋市政府在辖区各地设立了工作生活自立帮扶中心（简称"支持中心"），与当地政府合作提供援助服务。

"早上好，我是自立帮扶中心的平坂。"

来自工作生活自立帮扶中心的平坂义则先生，一直致力于为因照顾父母而无法工作的中年子女及其家庭提供帮助。例如，他会委托食品银行[1]将收集到的即将被丢弃的可用食品，提供给生活穷困的家庭。川本一家也是紧急救济对象，一直以来都在接收包括方便食品在内的生活援助。

平坂在访问时不仅要了解川本家里的情况，还要分析这户家庭的收支情况，通过了解家庭收支是否平衡等具体经济情况，明确风险点，制订具体援助计划。

将川本家里的整体收入扣除房租费、水电费、护理费等必要开支后，平坂发现，这户家庭每月能用于生活费（伙食费等）的钱仅有 3 万日元。

1　食品银行（フードバンク），起源于美国，是专门接济当地穷人、发放食品的慈善组织。

"伙食费3万左右够吗？3万日元左右的话，一天也就1千日元了。1千日元过一天没问题吗？"平坂耐心细致地询问川本是否对此缺乏安全感。

"还好，总会有办法的，不过往往只能吃同样的东西。"川本答道。

对于川本未来的生活，平坂提出了更加尖锐的质询。

"生活过得下去吗？按现在的状态，连存款都没有，太少了。"

"存钱啊，是啊，挺难的。"

"一天1千日元，很勉强了吧。虽然现在生活费没有超支，但也没有多花钱的余地了。"

让平坂担心的是，今后川本母亲需要的护理服务量可能会增加。如此一来，经济负担就会骤增。当然，如果增加护理服务量，川本的自由时间就会增加，若是能利用这些时间工作，家庭收入也会变得稳定。但是，川本总是在工作意向上闪烁其词。这也是平坂担心的问题。

最让平坂挂怀的是川本母亲去世后的事情。显而易见，虽然川本现在还能依靠母亲和子女士的退休金维持生活，但一旦老母去世，他的生活就会更加走投无路。

平坂认为川本应该着眼未来的生活，考虑就业的问题。

"今后，如果母亲需要更多护理服务，负担又会加重，到了那时，你能撑到什么程度。"

"是啊……"

"工作方面考虑得怎么样？因为照顾母亲之类的原因，很难找到工作，但现在我们会提供每周三次护理服务，即使不做全职工作，也要阶段性地、一点一点地增加工作天数，渐渐开始工作，我想如果川本君是否应该考虑一下，怎么样？"

"嗯，要是有机会的话……"

"有机会的话，明白了。我们支持中心也提供就业帮扶服务，可以根据您的具体状态，阶段性地提供帮扶，以后请多多关照。"

川本心里也清楚，母亲去世后自己就必须参加工作以获得收入。但如今需要照顾母亲，真能找到时间灵活的工作吗？正因为之前找工作时难以找到符合需求的岗位，以至于川本很难迈出第一步。

而他最大的担忧是，长期远离工作的自己能否胜任找到的工作。在川本看来，仅靠自己的力量似乎已经很难重启新的生活了。

另一方面，平坂凭借此前的援助经验，清楚地意识到脱离工作的时间越长，受助者就越难重新回到工作岗位。川本虽然有母亲的退休金，但也只是勉强生活，突发疾病或意外受伤的开销，很可能让这家人的生活无以为继。

正因为如此，有必要赚取除养老金以外的收入，以扩充家庭收入源。为此平坂努力引导和帮助川本重返工作。但面对川本这种情况，平坂也不打算急于求成。他认为，倒不如花点时间，坚持不懈地让他们做好参加工作的心理准备，只有在这样的持久战中，才能够真正帮助到他们。

平坂说，"像川本这种情况，靠一己之力来照顾八十多岁的母亲，对一个家庭来说，固然可以节省相当一部分的护理开支。因此从这个层面来看，父母依靠孩子，孩子依靠父母的养老金，实现了'共同依赖'，达成了某种平衡。在家庭关系中，这是一种相互依存的关系。而我们能做的，是尽可能向当事人提供更多的选择，减轻其护理的负担，以共同克服困难的态度进行帮扶，帮助其走向自立"。

潘多拉魔盒——"8050 问题"

因为需要照顾父母，单身的中年子女选择与父母再次共同生活，最终成为从劳动市场"消失的劳动者"。日本地方政府的帮扶机构又是如何应对这一严重的事态呢？2015 年 4 月，因应《生活穷困者自立帮扶法》正式实施设立的生活穷困者帮扶窗口，陆续接到相关咨询。平坂所属的名古屋市工作生活自立帮扶中心，便是名古屋市政府设立的帮扶窗口之一。

日本《生活穷困者自立帮扶法》的制定背景是，随着从事非正式雇佣工作的劳动者增加，劳动者的收入持续低迷，可能会有越来越多的人不得不选择生活保障服务。为了使最后的安全网——生活保障制度——能够长久发挥作用，需要提早伸出援手，帮扶他们维持"自立"状态，尽可能避免其依赖生活保障体系。这就是所谓的"第二安全网"。

上述法律制定于 2013 年 12 月，随后的两年间，日本各地纷纷设立帮扶机构。地方政府基于法律，设立窗口，受理民众提出的各种生活困难方面的咨询。其中最显著的就是单身中年"家里蹲"的问题。虽说长期以来这一话题始终为人所关注，然而，单身无业、依赖父母养老金生活的中年群体，却很少会被周围的人所注意。随着帮扶窗口的设立，越来越多的父母前来咨询，才使得中年"家里蹲"群体的样貌逐渐清晰起来。

工作人员发现，很多时候事态已然发展到积重难返的地步了。有人因为长期处于无业状态，开始罹患精神疾病，如此种种，一系列复杂问题开始引发关注。根据事例的共同点，可以将其统称为"8050 问题"（父母 80 多岁，孩子 50 多岁）或"7040 问题"（父母 70 多岁，孩子 40 多岁）等。相关工作人员不断进行案例分析，尝试各种援助方案。

年富力强的中年人在劳动力市场"消失"这一问题之所以被争相报道，也是因为帮扶窗口的设立使得"8050问题"逐渐受到日本社会各界的关注。换句话说，在《生活穷困者自立帮扶法》的运作框架下，一个"潘多拉魔盒"正在被徐徐打开。

原本，为了充实护理体系和加强对生活穷困者的帮扶力度，日本厚生劳动省致力于推进环境整顿，构建以"地区"为主导的地区综合护理框架。其目标是构建一个全方位帮扶生活穷困人员、帮助其维持"自立"的体系，其内容包括：集合地区已有的福利力量，为求职者提供就业帮扶等的"自立咨询帮扶服务"；为生活困窘者提供的"住房保障津贴"；为让所谓的"失业者"等长期处于"家里蹲"状态的人积累与就业相关的社会经验而提供的"就业准备帮扶服务"等。

法律规定，地方政府必须设立若干咨询机构，因此生活穷困者帮扶窗口在各地设立开来，"消失的劳动者"的问题也随之浮出水面。

名古屋市内设了三处咨询窗口，由受行政委托的福利团体等法人负责运营。其中，工作生活自立帮扶中心金山（简称"帮扶中心金山"）就由"社会福利协议会"管理。而上面提到的平坂先生，正是名古屋市社会福利协议会的工作人员，负责帮扶中心金山的日常业务。

在帮扶工作的一线，"8050问题"开始受到关注。由80多岁的父母和50多岁的单身中年子女组成的同居家庭背后，有着复杂的成因。随着医疗水平的进步，父母一辈的寿命得以延长，对于孩子们来说，照顾父母的责任变得长期化。这一代人普遍认为"子女照料父母天经地义"，因而，选择与父母共同生活的单身中年背负起护理大任，然而，一旦负担加重，就会导致其失业，只能靠父母的养老金来维持护理生活。类似的情况层出不穷。

"消失的劳动者"长期脱离工作，即便父母去世后也无法就业，依旧选择"家里蹲"，导致帮扶工作难以介入，类似案例越积越多。平坂对此感同身受。正因为如此，趁着父母健在，就要开始考虑帮助子女减轻看护的负担，促进和帮助他们参与就业劳动。

"关于如何帮助整个家庭，我觉得不能只帮助父母和孩子中的一方，而是有必要从整体上去考虑家庭情况。通过向80多岁的父母提供护理服务，专业看护人员得到了登门访问的机会，可以及时发现子女本身存在的问题。如果发现孩子闭门不出，或者没有工作，一味依靠父母的养老金生活，看护帮扶专员便会向我们咨询如何提供帮助。"
平坂如是说。

"早发现、早帮助"的重要性

在日本，除了"8050问题"，"7040问题"也在显露苗头。虽然经常会被相提并论，但两者的实际情况有所不同。

70多岁的父母主要是第二次世界大战后出生的工薪族，有不少人享受着丰厚的养老金。另一方面，40多岁的子女一代经历过战后最严重的就业困难期，同时面对非正式雇佣劳动的快速发展，其中不少人无法经济独立，生活并不稳定。因此，40多岁的一代往往选择依赖父母的养老金生活，直到父母需要看护服务时，才幡然醒悟。这种情况比"8050问题"还要常见。

40多岁的单身中年，没有工作，一直打零工，依靠父母的养老金，照料父母20多年，直到老人步入耄耋之年。不难想象，一旦父母去世，就会出现无法挽回的悲惨局面。

2017年全年，名古屋市内三处帮扶中心总计收到2 755次咨询。其中，来自四五十岁子女家庭的咨询达972次，占总数的三成以上。咨询人大部分是因为照顾父母而无法工作、生活拮据的中年子女。

基于这种情况，平坂认为，需要趁着还能领取父母养老金的时机，让中年子女一代脱离"无业"状态。"无业"是生活困难的根本原因，而这对解决问题至关重要。

"从表面看，'8050家庭'的生活没什么问题。但究其本身，归根结底还是得依靠父母的养老金。父母去世后，留在世上的中年子女又该如何生活？现在的情况是，有很多人无法独立生存，事态已经发展到了非常严重的地步。"平坂表示。

如上所述，生活穷困者帮扶窗口提供了各种援助选项，推进多方面的帮扶工作。名古屋市设立的帮扶中心同样也为"8050家庭"提供各种援助服务。

一、自立咨询帮扶服务

为了让面临生活问题的家庭避免依赖低保，日本政府提供多样化咨询服务。首先，分析问题所在，根据情况制订解决各种问题的多项帮扶计划，并为维持家庭成员的"自立"提供全面且持续的帮扶。

二、住房保障津贴

针对无业且只能依靠微薄养老金的低收入家庭，在符合条件的情况下，定期提供相当于房屋租金的款项，为其建构新生活提供支持。

三、就业准备帮扶服务

针对长期游离于职场之外、很难马上找到工作的人，提供就业准备期，同时配套学习讲座、职业训练等机会，进行生活训练和社会训练，以此促进就业。

四、家计咨询帮扶服务

对于因失业或债务问题导致家庭收支出现问题的人，提供详细的家庭收支咨询服务，帮助其学会利用公共救济功能、制作家庭收支表等技能。

平坂不仅提到了上述帮扶项目，还强调了在问题恶化之前，也就是无业状态还未长期化时，"早发现、早帮助"的重要性。他强调："早发现、早帮助，是解决问题的关键之一。我认为今后有必要与相关机构协作，对当事人，即整个家庭进行帮扶。若向80多岁的父母一辈提供护理服务，则需完善看护帮扶专员等护理岗位。从这一点出发，对受困家庭进行援助。"

50多岁的子女辞掉工作专心护理父母，却没有接受任何护理服务或福利保障，处处碰壁，甚至都不知道咨询窗口的存在，最终陷入孤立无援的窘境。在这样的家庭里，如果父母去世，留在世上的子女已经年过半百，面临无人可与其商量的局面。这样一来，问题就会长期化，变得更加复杂。

平坂指出："为了尽早发现问题的存在，有必要完善相关机制，让我们这样的专业机构能快速了解到这类家庭问题。而且，由于目前各个援助机构各自为政、彼此独立，提议建立共享信息和帮扶方案的横向平台，使援助之网织得更紧密。今后在这方面还需不懈努力。"

决定分开生活的一对父子

曾出现过这样一个事例：一对父子得益于帮扶中心金山的早期介入，成功摆脱了依靠养老金维持护理生活的日子，开始走向"自立"。

我们上门拜访了住在名古屋某住宅区一栋双层木制房子里的这家人。出来迎接我们的是藤井健一（化名，48岁）先生。藤井大大的眼睛给人留下了深刻印象，他平时就戴着副厚厚的眼镜。"想知道什么随便问，我也没什么好隐瞒的。"藤井略显生硬地说道，同意接受我们的采访。

家里两个男人，加上藤井平时得照顾父亲，房间里多少显得杂乱无章。听藤井说，刚开始照顾父亲时，他还在工作，根本顾不上收拾，因此当时家里更显杂乱。

高中毕业后，藤井作为正式员工进入一家金属加工厂，其间考取了叉车驾驶证，可谓干劲十足。但在35岁时，因为腰伤复发，同时与上司关系不睦，他选择辞职。此后，藤井曾在其他金属加工厂就职，也在机场货运公司以及食品厂的仓库打过工。然后到了2017年9月，藤井从最后的东家辞职。在辞职后的一年多的时间里，他一直待在家中，专心照料父亲，未曾出去找过工作，成为"消失的劳动者"的一员。

藤井和父亲吾郎（化名，74岁）同住在一所独栋住宅中。20年前母亲便已去世，此外，藤井有一个妹妹，但患有精神疾病，目前住在稍远的医院，无法给家人提供帮助。

之所以做出辞职的决定，是因为父亲出现了痴呆症的迹象。虽然当时两人已经开始共同生活，但由于平时双方互不干扰，等藤井注意到时，父亲的老年痴呆已经相当严重，也使得护理的负担雪上加霜。

"老爸行动不便，发病后，有时会深夜在家中各处走动，如果没出这种问题倒还好，只不过医生说他可能会突发心脏病，所以得一刻不停地盯住。但对我来说，最困难的是帮助他解大小便。光是带他去浴室洗屁股，就已经够我受了。只因我是他儿子，不得不弄。否则搞不好都出人命了。现在想起来，当时真想一把掐死父亲，然后自杀。"藤井说道。

封闭的房间述说着护理的艰辛

藤井告诉我们,家里有个充满回忆的地方。他爬上陡峭的楼梯,带我们参观了二楼的房间。平日里,这个房间是吾郎睡觉用的,地上的被褥常年不叠。此时,吾郎正在日间看护服务机构,屋里没人,只铺着被子。

藤井慢慢地掀开被褥,能够看到底下的榻榻米上透出一大片"污渍"。

于是,他便说起了"污渍"的由来。

"是他在被子上撒尿拉屎弄的。"

"等你发现的时候,就变成了这样?"

"嗯,就是发现得太晚了。我以为他自己会处理(排泄之类的),结果没想到……"

"是不是可以早一点提醒他呢?"

"我是这么想的,可是父亲说自己会处理。那时我要是想帮点什么,他还会呵斥'你在干吗'。"

藤井本想帮父亲上厕所,但遭拒绝,老人也不说自己尿裤子,过了一段时间才发现,排泄物都渗进地板了,很难收拾干净。藤井向我们倾诉道,又是收拾这些,又得帮父亲擦屁股,让人很是痛苦。

房间的隔扇破烂不堪,上面贴着的纸也千疮百孔。这些都是藤井因压力太大爆发时拳打脚踢留下的痕迹。

"这个啊，是我压力太大了，不小心踢坏的。起因是和父亲吵架了，我不能对父亲动手，所以才拿这里撒气。"

散发着臭味的房间，述说着困居于此的这对父子所经历的艰辛。

傍晚，父亲吾郎从日间看护服务机构回到了家。藤井帮父亲下轮椅、脱袜子。就连这样的小事，如果没有藤井的帮忙，吾郎一个人都没法做到。

"吃药了吗？"

"吃了。"

藤井抱着吾郎，一步一步爬上楼梯，让父亲躺在二楼房间的被窝里。

"这样行吗？"

"哦，我知道了。"

"那好好休息吧。"

"哦，我知道了。"

吾郎虽然能够进行简短的对话交流，但由于腿脚不便，要是没有藤井帮忙，连上楼梯都很困难。或许是痴呆症病情加重的原因，吾郎的脾气似乎有些暴躁。

为了父母，也要找回自己的人生

帮扶中心金山的工作人员目睹的"8050问题"不胜

枚举，为此非常担心照料父亲的藤井。此时，藤井已经八个月没去工作了，为了帮助藤井重返工作，工作人员开始分头展开行动。这是因为，无业的时间越长，就越难找到工作。

具体来说，工作人员反复劝说藤井考虑就业一事，为此只能把父亲吾郎送进养老院。所幸，吾郎的养老金每月有 23 万日元左右，足够供其住进养老院。

当然，藤井肯定也有顾虑，一方面担心父亲可能在家住惯了，另一方面也是在忧虑自己的将来。此外，一个人继续承担护理任务对自己和父母来说是否真的是最好的选择？一番天人交战之后，藤井决定让吾郎入住特别养护老人中心。

最终选择哪家养老机构，是由父亲吾郎决定的。藤井认为，即使父亲患有痴呆症，也要尊重他本人的意愿。吾郎认为平房生活起来更方便，于是藤井便向父亲选好的养老机构提出入院申请。

"虽然不知道老爸到底记得多少，但我觉得还是应当保障他的基本权利。我很重视这一点，便做出了选择。如果有人问我今后能不能和父亲一起生活下去，我想总有一天还是会分开的吧。作为孩子，我想照顾他，但我还得再活上 30 年，也想好好珍惜这 30 年，所以我下决心把父亲送进了养老院。"

虽然也曾选择专职照顾父亲，但藤井一直处于两难境地，同时还和父亲存在矛盾。现在，他却能够很释然地告诉我们，自己决定分开生活，即使依旧迷茫，也不会后悔。正因为考虑到父母的感受，藤井才会说出"为了父母，也要走上找回自己人生的道路"这句话。不能以照顾父母为借口，一直拒不工作。藤井断了退路，做出了人生的决断。

"分开生活"面临哪些困难

但是，进入养老院还有一个待解决的问题。因为负责管理父亲养老金的藤井没有工作，而且一直依靠养老金过活，养老院方面以无法保障按时支付入住费为由，中止了申请手续。

如果不能让父母入住养老院，子女很难再就业。只能就此放弃吗？正当藤井快要绝望时，帮扶中心金山的工作人员再次伸出援手，利用"成年监护制度"，为父亲吾郎指定了第三方监护人，由其全权管理财产。这样，吾郎的养老金和财产由身为成年监护人的律师负责管理，养老院方面也不用再担心费用，于是恢复了申请手续的审核，并最终决定接收申请人入住。

吾郎入住的特别养护老人中心距离自家只有20分钟车程，对藤井来说，前往探视也很方便。藤井表示，如果让他自己一直照顾下去，很可能就撑不住了。他向我们倾诉了护理的艰辛：

"说实话，和照顾老人比起来，工作还是比较轻松的，毕竟那种压力可不是一星半点。我看着他得了老年痴呆之后，变得疯疯癫癫，真的很难受，要是继续这样下去，弄不好死了也不奇怪，与其一个人背负这些，莫不如掐死父亲，然后自杀算了。"

即便专人看护服务一定程度上减轻了藤井的负担，但他依旧没有时间工作。相比之下，把父亲送进养老院，既可以让自己工作，又能找回独立的生活。在看护帮扶专门员和帮扶中心金山工作人员的反复劝说下，脱离工作一段时间后的藤井，很快就做出了决定。

"父母肯定走在自己的前面，所以不能一直依赖他们，自己的人生之路要靠自己来开辟，只是为了活下去，做了必须做的事情，自尊心什么的，早就置之脑后了，真的一点都没考虑这些。"藤井慨叹道。

搬去养老院当天父子俩的状况

吾郎被送入特别养护老人中心的前一天，我们去探望了这对父子。

藤井正在家里为父亲制作晚餐——老爷子最喜欢的咖喱饭。显然并不擅长做菜的藤井，把速食咖喱放在热水里加热，再浇在煮好的米饭上。藤井往大盘子里盛着米饭，堆得高高的，然后浇上热腾腾的咖喱。看得出来，量非常大。最后，藤井把做好的晚饭送到二楼的父亲那里。

"我父亲的胃口一直很好，所以总是得做满满一大碗。"

吾郎静静地等待着，也许他也意识到了，这是"最后的晚餐"。

"爸，该吃饭了。"

"啊，谢谢。"

"来，报纸。还有咖喱饭。水放在这儿了。"

"哦哦，是咖喱呢。"

"慢慢吃吧。"

"哦，谢谢。"

"今天是最后一次在家吃饭了哦。"

"哦，我知道了。"

"明天九点开始准备。"

"哦，我知道了。"

"按自己的想法，好好过日子吧。"

"嗯，谢谢。"

"在这个家待了 50 年，可以好好回忆下。"

"嗯。"

"今天，真的是最后一次了。"

"哦，谢谢。"

藤井放下咖喱饭，转身离开了房间。吾郎一个人一边看电视，一边默默地吃起了咖喱。

等吾郎吃完后，我们询问了他目前的想法。

"喜欢咖喱吗？"

"嗯，不过很少吃，要花钱的。"

"这房子住很久了吧？"

"50 年了。"

"您和儿子也一起生活了很长时间吧。"

"是啊。"

"以后要去养老院了……"

"就住在家里，不会进养老院吧。因为这是我的家。我也没有欠款，都付清了。"

"可明天换个地方……"

"搬到哪里去？"

"老人院那边……"

"不会搬到老人院去吧，我不要，我有自己的家。"

"说的也是啊……"

吾郎嘴上说自己知道要离开家搬到养老院居住，但又一副不理解的样子。

"目前为止，人生中最难忘的事是什么？"

"应该是一生没有做什么坏事，认真地生活。"

"认真？"

"是啊，我没做过什么坏事。很多家伙满嘴跑火车。我可没有做过那样的事。"

"……今后也请保重身体。"

"好的，明白了。"

高中毕业后，吾郎做了50多年的出租车司机，勤勤恳恳，兢兢业业。虽然妻子早逝，但他还是凭借一己之力盖了房子，独自一人把孩子拉扯成人。即使得了老年痴呆，他依旧坚持自己的事情自己做，但久而久之，做不到的事情越来越多，吾郎好像也意识到了儿子的负担越来越重。

搬去养老院时，父亲的叫喊

搬去养老院的日子到了。藤井一大早就手忙脚乱地准备行李。把行李放上车后，藤井爬上二楼，叫醒了还在睡梦中的父亲。

"老爸，醒醒。该出发了，都准备好了。"

"要去哪儿?"

"养老院。"

"为什么要去养老院?"

吾郎语气有些粗暴。藤井继续劝说。不知不觉间,藤井的语气也变得粗鲁起来。

"啊,你都答应好了的。那是你以后的家,准备出发吧。"

"啊,你去! 我去不了。"

藤井为了安抚反抗的父亲,强行让他站起来,把他带到了楼下。

"听着,该出发了。"

"啊。"

"来吧。"

藤井从背后抱起父亲吾郎,强行让他站起来

吾郎被儿子拖着走下楼梯，不停地怒吼着。

"为什么今天非得去养老院？"

"是去你的新家。"

"混蛋，我去不了！我才不去，真是的！"

"别任性了，不是都说好了吗？"

"我不去。"

"都准备好了。为了今后的生活，换个新地方吧。"

藤井尽量安抚吾郎，帮他刷牙、上厕所，一切收拾妥当后，让他坐上了车。全程两人一语不发，一路开到特别养护老人中心。吾郎进到房间里，坐在床上，一脸茫然。这就是他未来生活的地方。藤井把衣服塞进衣柜，问道："老爸，衣服放这儿怎么样？"

"可以，可以。"

藤井在房间里放上衣物篮，把当前需要的换洗衣物放进去后，鼓起劲儿对父亲说道：

"有什么需要就告诉我，记得哦。现在需要的东西都备好了。"

"好，知道了。"

"加油！"

"哦。"

"我以后也要好好地做自己的事了，拜托啦。"

吾郎再也没说什么。也许他也明白了新的生活即将开始。藤井离开房间时，喊了一声"再见"。

吾郎回了一句。

"这辈子不用来看我了。"

这是父亲的呐喊。或许父亲想说的是，"我没事，你才要加油"。藤井有所意会，微笑着关上了房间的门。对于两人来说，这都是一次新的开始。

从"消失的劳动者"中解脱

"现在感觉如何？"

"第一个阶段结束啦。今后我要重新开始自己的生活，就从现在开始。"

"有信心吗？"

"不试试怎么知道。老实说，这个世界是残酷的，非常现实。我要不断地做力所能及的事，好好活下去。"

"打算怎么规划你的未来？"

"未来？明天都还看不见呢，路很黑，但能照亮自己就行。"

之后，藤井凭借之前取得的叉车驾驶证，在大型市场找到了一份搬运货物的工作。他希望这份工作能一直干下去。

父亲吾郎也习惯了在养老院的生活，过着安稳的日子。对父子俩来说，分开生活的选择给予了他们各自的未来。

从"消失的劳动者"的泥淖中全身而退的藤井认为，这一人生决定非常正确。

第二章

劳动者是如何从社会中"消失"的

成为"消失的劳动者"的人

无业的中年子女与父母同住时，可以依靠父母的养老金勉强维持生活，因此即使选择"家里蹲"，此类问题也很难暴露出来。然而，等到父母去世后，问题显现时，基本上都已积重难返。

接受采访的很多男性表示自己也无计可施，只能在"消失的劳动者"的沼泽中苦苦挣扎。2017 年 11 月中旬，我们从名古屋站出发，乘坐名铁河和线列车约半小时，前往位于爱知县半田市住宅区的一栋住宅。房子一楼是店面的样式，挂着"被褥店"的招牌，但卷帘门向下拉着，从窗户外也看不到房间里的灯光，感觉屋子里没人。甚至让人怀疑是否真的有人居住在此。我们不免有些紧张地按了下门上的对讲机，但可能是断电的缘故，没有发出任何声音。

无奈之下，只好拍打房门，轻喊了几声"有人吗？"。家里冷冷清清，散发出一丝异味，空气中弥漫着些许灰尘。等了好一会儿，有人高声回话："来啦来啦。"随即从二楼传来了踢踏的脚步声。

应门的是个男性，身高1米75左右，穿着像睡衣一样的绿色外套，还披着棉坎肩，身材非常单薄，看着很消瘦。他双颊塌陷，嘴巴周围还有没剃干净的胡子。只有凹陷的眼睛出人意料地炯炯有神。看到他的那个瞬间，居然让人一时语噎。

不过他似乎对此并不在意，而是用高亢又不失温柔的声音说了句"请进"，带我们进了家门。而这，也是我们与佐佐木哲夫（化名，57岁）先生的初次相逢。

佐佐木把我们领到离玄关最近的房间，有点不好意思地道歉说："因为用电挺奢侈的，所以平时不用暖气。"随后便扭开了房间的空调开关。

"我们专门采访因照顾父母而离职且无法找工作的中年人，了解他们的实际情况，希望通过节目来告诉大家。"

此前也做过许多同样的采访，不过被采访对象大多觉得自己没有工作，上电视会丢人现眼，从而婉拒了我们的采访请求。这次，我们也满心紧张地等待着对方的答复。

佐佐木犹豫了一会儿，但最后还是坚定地回答道："我不认为所有人都会对我的处境产生共鸣，但哪怕能有一位可以理解我的处境，也不赖。"

靠父母遗产度日，存款即将耗尽的恐惧

父亲 6 年前离世，生前一直由佐佐木照顾。现在佐佐木独自住在此前与先父共同生活的老宅。虽然不用再照顾父母，时间宽裕，但他依旧没有再就业的想法，也一直没有出去工作。但佐佐木也没有接受低保。用他自己的话来说："总之，我得省吃俭用。"

没有工作，自然没有工资等收入。唯一的收入来源，是自家旁边的一处小小的停车场，每月约有 5 万日元的进账。存款只有父亲留下的 300 万日元。在佐佐木用作家庭收支薄的大学笔记本上，我们看到整整齐齐地贴着超市的收据小票。

佐佐木每月伙食费等生活类开销是 1.5 万日元。换算过来，每天就只能靠 500 日元过活了。水电费也是每月1.5 万日元。总之，每月的花费控制在 3 万日元左右。为了不消耗存款，佐佐木需要把日常生活的开销压缩到最低限度。

佐佐木表示："虽然现在隔三岔五零星取用着存款，

但单凭存款完全无法生存下去。我现在取出了自己此前投保的各种人身保险以支付税款，勉强还能支撑生活，但对未来仍然感到非常不安。"

将他逼到如今这般"节俭生活"地步的另一个原因，便是"养老保险"。迄今为止，佐佐木不仅早已无力支撑家庭开支、欠缴养老保险，而且在他50岁之后，仍然未能续交养老保险金。如果继续这样下去，即使到了领取保险的年龄，一个月也只能领到5万日元。按照这种靠着父亲留下来的遗产坐吃山空的现状来看，他确实很难不对未来感到不安。也正是出于这种不安，佐佐木只能过着如此"节俭的生活"。

"对我来说，每个月支付养老保险费用太过困难，但是如果不继续支付，以后能够拿到的养老金就会变少。并且，领用养老金的年龄可能还会被推迟。但我是要生活的呀，既然要生活就需要钱。但是，等到父亲留下来的遗产花光那一天，我的财路就会彻底断绝。如果真的花完，我恐怕也会被这个社会彻底抛弃吧。"佐佐木这样表达自己内心的恐惧。

在照料父亲时就因负担过重而骨瘦如柴的佐佐木，如今虽然父亲离世，少了看护的负担，但体重仍在不断下降。眼前这个男人的身高足足1米75，体重却勉强只有

50 公斤，整个人显得异常纤瘦。他虽然也担心自己的健康，但在存款每日减少的恐惧中，只能强迫自己节约，每天摄入最低限度的食物以维持生存。

佐佐木透露："我现在体重已经不到 50 公斤了，要说为什么会这样，大概是因为不怎么吃东西吧。有段时间甚至掉到了 40 公斤。那段时间去市政所办事，保健中心那边建议我做一个健康检查，测了个体重，连我自己都不由得惊呼'欸？体重秤坏了吗？'，实在是太瘦了。工作人员说，按我这个 1 米 75 的身高，体重要六七十公斤才算正常。他们还说，40 公斤的体重，都无法想象我平常吃的是些什么。但是说到底我更在意的还是钱吧。虽然自己也觉得应该摄入点营养，但还是只吃最低限度的食物，省点钱。满脑子剩下的唯一念头就是：尽量不动用存款。"

佐佐木现在的生活，处于极致的节省状态，在家里闭门不出，日复一日，毫无生活上的乐趣与心灵上的放松，只是无尽的轮回。为了照料父亲而成为"消失的劳动者"，父亲去世后也无法重新进入就业市场，在孤独中日复一日。他说："我现在的生活如同干涸'皲裂'的田地一般。按理来说，灌溉稻田就能长出稻穗吧，但我这块田地已经干涸到一滴水也不剩，再也长不出稻穗来了。这个水——到头来说的还是钱——到底要从哪里来呢，我完全不知道，但是就算不知道也得想办法活下去啊。从旁人的角度来看，可能会说‘会变成这样都是你自己选的，能怪谁？’，我也无言以对……"

虽说如今的社会环境下只要想工作便能找到机会，但是生活中的佐佐木别说找工作，就连和别人的交往也会选择逃避。面对这样的自己，佐佐木话到嘴边又咽了回去。

曾经一帆风顺的正式员工时代

那么，佐佐木到底经历了怎样的人生，才沦落成了如今的"消失的劳动者"呢？他又是在什么时候，走到了人生的岔路口呢？

1960 年，佐佐木出生在名古屋，家中经营着一家被褥店。父母生养了三个孩子，佐佐木是长子，在弟弟妹妹与父母的关爱下长大。五口之家一直充满着欢声笑语。在佐佐木上小学时，一家人搬去了爱知县南部的半田市。日本经济高速成长时期，半田市周边充满了活力，特别是那里的棉花产业十分繁荣，据佐佐木说，彼时家里的被褥店生意也相当红火。

大学毕业之后，佐佐木离开了老家，进入一家电池制造企业成为正式员工。上班期间，他还加入了马拉松同好会，希望能在全日本各地的市民马拉松大会中跑完全程，并为此而不懈努力。即使在他现在居住的房间，还保存着一双脏兮兮的运动鞋。虽然已经跑不动了，但他还是舍不得将其扔掉。

据佐佐木回忆："一开始我很讨厌马拉松。为什么非要去干那么辛苦的事情呢？但一旦真正参与其中，跑起来之后，才发现个中魅力。虽然经常能听到'努力一定有回报'这句话，但是真正地参与练习，日复一日地努力，最终能够参加市民马拉松比赛时，我才真正认识到这句话的内涵，才真正体会到马拉松的快乐。"

之所以加入马拉松同好会，当然也是因为社长喜欢跑步，要求新员工必须参加。对于在那时没有什么跑步经验的佐佐木来说，最开始只是跑上一公里，肌肉都会酸疼一周以上。

但一旦习惯跑步，这项运动就会变得十分有趣，佐佐木也是在这个时期开始以打破纪录为目标而不停奔跑。

"大约过了一年，我就能够参加市民马拉松赛事了，还在比赛过程中首次用时五十分钟跑完了十公里。当时，我觉得自己已经找到了感觉，还能够再攀高峰。"佐佐木回忆道。

现在的家里还留着马拉松大会的记录本，里面不仅用漂亮的字体详细地记录着大会的场所与他自己的比赛成绩，甚至详细记录了家里到会场的路程与交通费等细节。字里行间，佐佐木一丝不苟的性格一览无遗。

渐渐地，佐佐木开始每天跑步，试着在大会上创下自己的纪录，他也通过这个进程，逐渐开始思考自己活着的意义。

佐佐木直言："如果说跑步是我生活的意义，是我活着的证明，或许有点言过其词。但我真的感受到跑步在支撑着我。所以我想，不管别人怎么说，我都会跑下去。"

老年痴呆让看护愈发艰难

两年后，原本充满活力的生活却"画风突变"。父亲希望长子回来继承家业，于是要求佐佐木辞职回到老家。当时的佐佐木才二十几岁，有一个已经在谈婚论嫁的对象，但因为要回老家继承家业，两人被迫分手。

一开始和父母一起打理被褥店时，经营还算顺利，佐佐木负责从制作到销售的全部事务。他那时候还开过一间工厂，用棉花填充被褥。但很快，不幸便降临到他的头上：28 岁那年的冬天，佐佐木的母亲突遭交通事故，撒手人寰。

日本昭和天皇于昭和 64 年（1989 年）1 月 7 日过世，

而夺走佐佐木母亲生命的事故，恰好发生在前一天，这令佐佐木根本无法忘怀。在母亲去世的前几天，时值正月，全家五口还曾一同前往日本名山乘鞍岳旅行，顺便逛了周边的观光地。佐佐木现在还保存着那时的全家福。他很喜欢父亲在白川乡拍摄的照片。他把这些照片放进相框，摆放在起居室里，一直留到了今天。

在那之后，弟弟、妹妹相继结婚，一家人就这样分开。母亲去世三年后，佐佐木的父亲脑部也出现了疑难病变，身体活动渐渐出了问题，佐佐木只好开始了一边经营被褥店一边照顾父亲的"双重生活"。

在此过程中，佐佐木参加了沿爱知县岩仓市的五条川举办的马拉松比赛。因为看护父亲的负担越来越重，他决定用这一次比赛来给自己的马拉松爱好收尾。

"比赛结束刷鞋时，我哭了。我想这就是终点了吧，要结束了吧。我再也不能跑下去了，但我却那么想继续跑下去。我想跑，但再也不能跑，不允许跑下去了。要是还投身于跑步，谁来照顾父亲呢？"

佐佐木现在还珍藏着那些年跑步时留下的照片，但这些年因为背负的东西太多，他说自己再也没有继续跑步的想法了。

"要说那时候为什么能跑步，我想应该是因为身心都很充实，没吃过什么苦。虽然练习本身很累，但在此之后背负的东西越来越多，到了最后，甚至害怕将跑步当作一种娱乐，也就不想再跑步了。"他感叹道。

父亲开始出现的老年痴呆症状，让独自照看他的佐佐木的境遇变得更加窘困。在此之前，父亲还可以和佐佐木交谈，但慢慢地，父亲变得不能讲话，最后连表情也无法控制。

佐佐木把我们带到了一楼的一个房间，那是他曾经照看父亲的地方。往房间的墙上看去，我们发现那里仍然贴着护工来访的时间表、管饲药剂的放入顺序之类的笔记。问其原因，佐佐木回答，如果连父亲的这些残存的印记都消失了，恐怕会感觉更加寂寞吧。

"我也不是特意把它们留下，只是不舍得收拾掉罢了。我一直在这个房间照顾父亲，一来到这里，即使空无一人，我还是能感受到父亲的气息。也算是一种精神支柱吧，当再遇到什么很苦的事情时，看到这些贴在墙上的纸，就会想到自己曾经也完成了如此困难的事情，至少能让我打起点精神。"

佐佐木也曾尝试过送父亲去专门的养老机构。但老人在养老院大闹一场，非要回自己家去，养老院便不肯接受父亲入院了。于是佐佐木只能选择在家看护老人。

佐佐木回忆道："父亲无论如何都想待在家中。那么谁来照顾他呢？也就只有我自己了吧。也有人建议我最好还是将父亲送进养老院，但我觉得不能因自己的方便而忽视老人的意志。我也想为他尽可能地做些事情。"

虽然也有护工上门服务，但给父亲换尿布、处理排泄物、喂饭等都是由佐佐木亲力亲为。在那个曾照看父亲的房间里，还贴着他在父亲即将去世时拜托护工拍的照片——那是佐佐木与在床上睡着的父亲的亲子合照。照片上的佐佐木，比现在还要消瘦很多。

"这张是我父亲快要去世之前，也就是距离现在一两个月时的照片吧。当时来给父亲清理身体的护工提议：'您和父亲一起照张相吧。'对方虽然让我笑一笑，但实在没法挤出笑容，我想笑，却怎么也笑不出来。"

为何单靠就业帮扶等制度还不够？

佐佐木选择了"在家看护"，同时不送父亲去养老院而是由自己亲自照看，最终，这件事成为他人生的分叉点。

他这样回忆当时照顾父亲的情形："24 小时，不管是白天还是半夜，父亲都会'喂——喂——'地喊我过去。我从楼上下来，想着发生了什么事，进了房间就看见床单沾满了大便，而且尿布里面也塞满了排泄物，漏了出来。父亲说床单湿了很恶心，要我帮他换。虽然我能理解他自己已经没有办法换了，但给卧床不起的人换床单真不轻松，而且如果是中午换也就算了，半夜把我喊起来换床单，真的会有点生气。那时候真的很辛苦。"

当时，关于是否要把父亲送入养老院这件事，佐佐木和弟弟、妹妹产生了分歧。家人都认为，既然确实很勉强，就应该把父亲送入养老院，但佐佐木最终还是尊重了讨厌进养老院的父亲的意愿，决定自己在家照看父亲。

佐佐木说："如果那时候优先考虑自己的前途，放任父亲不管，我觉得自己可能会后悔，所以当时便下定决心，不要为自己在家照顾父亲这件事而后悔。"

另一方面，支撑这个家的被褥生意，也遭遇了市面上出现的大批机制便宜棉被的沉重打击。事实上，不只是佐佐木家，手工被褥产业本身整体面临淘汰。加上单单照顾父亲就忙得不可开交，根本没空打理被褥店的生意，老主顾也慢慢地都不再光顾。最终，佐佐木在 46 岁时关闭了家里的被褥店。现在佐佐木家的隔壁，还保留着一间制作被褥的小工厂，里面两台制作被褥的机器积满了灰尘。在闲置的区域，还堆放着大量填充被褥用的棉絮。

"真是没出息呀。父亲本是想让我追寻他的脚步才购置的这些机器，但也不知道是因为照顾父亲还是因为时代的洪流，最终我没有如父亲所愿将家业继续下去。本来理想情况下是应该能够兼顾照料父亲与振兴家业的，但很可惜最终还是被逼到不得不停下这些机器的地步。"佐佐木说。

佐佐木的经历，展示了在照顾家人与工作间取得平衡是何其困难。我们不禁要问，是不是越像佐佐木那样天生认真的人，越会把自己的人生逼入困境呢？

即使佐佐木全身心地照看父亲，老人家还是在佐佐木 51 岁时便告去世。结束了看护使命的佐佐木为了让自己的生活重回正轨，开始找起了工作，但即使通过政府设立的公共职业介绍所，年过半百的劳动者也很难找到工作。

"只要好好找就一定能找到的"，这种建议对于佐佐木来说多少有些想当然了。已经多年未曾与社会接触且身体抱恙的佐佐木，很显然在就业市场中处于极为不利的位置。更雪上加霜的是，由于长期作为"消失的劳动者"，佐佐木的工作自信早已荡然无存。

他坦言："说实话，我承认自己确实有窝囊的一面。不知道究竟是不想工作，还是缺乏工作的信心。工作至少要健康上岗吧，按照这个道理也没有需要我的地方。

嗯……怎么说呢。甚至觉得在超市打小票这种工作我都有点跟不上了，我已经与'工作'这个概念彻底绝缘了，在我与工作之间已经砌筑起了一堵高墙。"

佐佐木缺乏工作自信的另一个理由，便是之前说过的身体问题。照顾父亲时落下的腰痛还没治好，现在只要站起或坐下便会钻心疼痛。在被问及为什么腰疼时，他给我们展示了一张照片。那是一张坐在轮椅上的父亲与推着轮椅的佐佐木一起赏花的合影。

佐佐木的父亲有时也会想出门，去咖啡店喝喝咖啡，到外面散散步。当父亲外出时，佐佐木便要一个人抱起比自己重许多的父亲，将他从床上转移到轮椅上。出远门时，佐佐木甚至不得不将父亲搬上车。对于瘦弱的佐佐木来说，这无疑算得上一种相当高强度的体力劳动。

"因为父亲完全动不了，在抬他起来时就会感觉非常沉。虽然都是慢慢抱父亲起来，但有时候腰部发力不够，勉强站起来就会感觉很疼。一来二去，伤到同一个地方，就很难治好了。也有人建议我不要再这样干了，但按父亲那时的状态，如果没有人帮忙，是完全没有办法外出的，而且我自己也想让父亲的愿望得到充分的满足。"佐佐木解释道。

即使到了现在，佐佐木还是偶尔腰痛，我们看着他一边晾衣服，一边摩挲着自己的腰部。

"稍微弯一弯腰，果然还是很疼呀。夏天还算能过得去，可一到冬天腰就动弹不得。医生对我说，还得观察一下情况，所以治好我这腰还得很长时间吧。我这辈子估计再也回不到跑马拉松时的身体状态了吧。为了照顾父亲，我失去了继续跑步的能力。"佐佐木坦言。

长期的看护生活，也让佐佐木自己患上了慢性病。据说他已经患上了前列腺肥大，主治医生告诉他，如果症状继续恶化下去，排尿功能就会受到损害，所以每天都必须吃药。

佐佐木说："每天早餐晚餐之后，都要吃药，但万幸的是，我吃的是仿制药。就凭价钱很便宜这一点，我就感激不尽了。"

对于找不到工作的自己，佐佐木发出了"窝囊废"的自嘲。但确实，慢性病与腰痛，让他无法像普通人一样工作。即使他自己很想工作，用人单位也会觉得他不符合条件而拒绝提供招聘岗位。也正因此，佐佐木彻底丧失了寻找工作的自信。

"我这种人，应该没有企业会要我。他们一问到'之前都做了些什么'之类的问题时，我只能回答'除了看护父亲，什么都没有做'。如果有什么事需要休息，向企业请假时，他们一定会觉得我这个人很糟糕吧。我身体不仅很差，还带着病，只知道看护有关的知识，社会上的事一问三不知。我这样的人就连兼职也找不到吧。"佐佐木绝望地说道。

"为什么不再去工作呢？"——即使面对不知情者的这般质问，佐佐木都会哑口无言。

他说："我现在'躺平'了。要是有人想对我说'你还是去参加工作比较好'的话，就随他们去吧。"

佐佐木脸上疲惫的表情似乎在说，要是想让"消失的劳动者"重回工作，目前日本的就业帮扶等制度显然还远远不够。

刻着"座右铭"的木雕装饰板

佐佐木家里，还珍藏着父亲的几件遗物。其中之一，便是一个刻着座右铭的装饰板。上面刻着的，便是在日本家喻户晓的"福泽心训"。木板是父亲某次旅游带回来的，从那以后便一直放在茶水间作为装饰，每天都能看到。

其上，写着福泽谕吉为了让人获得幸福所做的座右铭。佐佐木特别喜欢的是这一句："世上最为尊贵之事，便是为他人奉献却不求回报。"

佐佐木说："为他人奉献却不求回报是幸福，我现在深以为然。恐怕父亲那时也是觉得自己曾经为家庭的奉献与付出被渐渐忘怀，所以才将这块木板放在每天都能被大家看见的地方吧。"

佐佐木的父亲对工作可谓一丝不苟，有一种往日的匠人气质。佐佐木每次看到父亲喜欢的这块木板时，脑中便会闪过关于父亲的回忆。

上面还有这么两句话：

> 世上最为高尚之事，便是有一份可为之奋斗终生的事业。
>
> 世上最为冷清之事，便是无事可做。

为了照顾父亲辞去工作的佐佐木，现在已经无法继续工作了。我们问了他现在对于这两句座右铭的看法。

佐佐木表示："无法再拥有一份可以为之奋斗终生的事业了。我现在已经不知道自己的人生意义到底是什么，也不知道如何能让自己快乐起来。所以要问我今后从事什么工作的话，真的什么都答不上来。我觉得已经没有什么可以让自己快乐的事情了。甚至，我感觉在未来，已经没有任何事情能让自己开心地笑一笑了。"

不想习惯于吃好吃的东西

父亲去世，养老金收入也就断了，佐佐木目前唯一的开支便是餐费。因为每餐都是一个人吃，也没有必要拘泥于食物的卖相和品质。换句话说，佐佐木现在的进食，只是为了维持生命罢了。

某夜，佐佐木拜托我们拍摄他接下来做晚餐的样子。只见佐佐木走向厨房，熟练地准备着晚餐。厨房到处散落着方便食品，冰箱和微波炉上面都堆积着薄雪般的灰尘。煤气灶上方的墙壁满满地附着一层茶色的油污。佐佐木全然不顾眼前的这番脏乱，套上围裙，从冰箱里拿出了菜和肉切起来。

在被问及"很会做菜吗？"时，佐佐木却给了一个我们意想不到的回答。

佐佐木默默地吃着没加调味料的食物

"也不是很会，但因为每天都得做，慢慢地也就没那么生疏了。曾经不怎么会用菜刀，但是现在已经完全不用担心会切到手指。不过还是不怎么会使调味料。料酒、酱油之类的东西都不知道该怎么用，干脆就完全不用了。"

说着，佐佐木把蔬菜、豆腐和肉类等食材放进平底锅里炒了起来。食物炒熟之后，他便关了火，将菜盛到盘子里。

"这就做好了。"

"打算怎么调味？"

"没有调味。我不用调味料的。"

"诶？真的吗？"

"嗯，完全不用。"

"啊？会好吃吗？"

"不好吃，完全没味道。我没有加任何调味料，所以一点味道也没有，但也没办法啊，我只是为了活下去才吃饭的。别人可能会想：这能算得上是一餐吗？我很无奈，但这确实是我的现状：不用盐，不用酱油，不用味淋，不用胡椒，什么调味料都不加。"

看到家里过期的调味料，佐佐木觉得太可惜了，于是便开始制作没有味道的饭菜。对于独居的人来说，经常会出现调味料没用完就过期的情况，但是真的有必要因此而过于节约到连盐和胡椒都不放，让入口的饭菜一点味道都没有吗？佐佐木说："不好吃，啥味也没有。一点甜味或者辣味都尝不到……可是，一旦吃的东西美味起来了，对我来说反而更为苦恼——我会想出去吃更好吃的东西。"

对于佐佐木而言，一家五口曾围坐的餐桌堪称最为寂寥的所在。父亲去世后，佐佐木一度一坐在餐桌旁就泪流不止。

"父亲去世后，我一个人在家，一坐到这个餐桌旁就会忍不住流眼泪。一周会有三四天，甚至五天都是边流泪边吃东西。在这张全家五口人一起吃饭的餐桌边，在这张每天都摆放着几道妈妈拿手菜的餐桌边，居然恍惚间只剩下我一个人。心理上的落差真的很大。父亲还健在时，至少还算是一个二人家庭。但只剩下我一人时，一到晚上，明亮的餐桌周围也会显得明晃晃、空荡荡，坐在这个餐桌边默默地吃着没有味道的食物，这种寂寥、孤独、难熬，在我心里堆积了起来，最后只得任由眼泪夺眶而出。"佐佐木将自己的感受一股脑倾诉出来。

餐桌上放着全家福，至少看看照片，能稍微让寂寞的心得到一些安慰。

"说这话可能有些奇怪，但全家福对我来说就像家人一样。虽然里面的人不会动，但是我就当作看家人一样看照片，心里也能好受一点。想着能一起看到父亲母亲，就没那么寂寞了。"

剩下的唯一"家人"——鹦鹉之死

父亲死后，独居的佐佐木唯一的说话对象，便是父亲饲养的一只鹦鹉。除了吃饭、做家务，佐佐木唯一还需要做的，就是照顾这只鹦鹉。

我们随着佐佐木的脚步走上二楼，他要去给放在二楼鸟笼中的鹦鹉喂食，我们也有幸见到了它的模样。鸟笼中是只学名为"灰葵化鸟"的鹦鹉。20 年前，这只鹦鹉突然不请自来，闯入佐佐木家里，四处飞蹿，找不到出去的方向。父亲为了不让它逃走，索性决定就把它养在家里。虽然不知道来到佐佐木家时已经几岁了，但从其在佐佐木家一待就是 20 年来看，这只鹦鹉显然已经相当高龄了。

从外表来看，鹦鹉的羽毛已经不再艳丽，连"唧——唧——"的叫声也相当孱弱。佐佐木倒上了满满当当的葵花籽作为它的食物。

佐佐木告诉我们："父亲在老年痴呆症状还不那么严重时，也会上楼来照顾鹦鹉。虽然现在是我在照顾它，但父亲在的时候其实都是他亲自来放葵花籽的。与其说鹦鹉对我很重要，不如说是父亲生前重视的对象现在继承到我手上的感觉。"

父亲去世之后，这只鹦鹉，这只能让佐佐木回想起父亲的鹦鹉，成了寂静无声的家里唯一能听其倾诉的伙伴。对于佐佐木来说，和鹦鹉共处的时间，是能够治愈心灵的珍贵时光。

但在 2017 年年底，悲剧还是降临到了佐佐木身上。这只对他来说如同家人一般的鹦鹉去世了。年末的一个清冷的早晨，佐佐木打开窗帘，却没有听到鹦鹉的叫声。平常阳光照进房间，它一定会鸣叫。看向鸟笼，鹦鹉已经从栖杠上掉了下来，睁着眼，没了气息。

佐佐木将已经冷掉了的鹦鹉尸体捧在手中，来到庭院，做了个小小的坟墓，亲手埋葬了它。看向空荡荡的鸟笼，一股从未感受过的孤独向佐佐木奔袭而来。失去了唯一能够与他说话的"家人"，佐佐木已经无法压抑自己的感情了。

"并不是马上感到难过，而是在难过之前眼泪已经夺眶而出。想着自己果然孤身一人了呀。在它去世之前，即使凌晨一点回家，一打开灯，鹦鹉还是会叫一声给我回应。每天晚上关灯的时候它就会停止鸣叫，这些都曾让我十分开心。我每天也会把鸟笼带到窗边让它晒晒太阳。现在就连能让我照顾的生命都没有了。感觉自己的心被开了一个大大的洞，某些东西，自此永远消失不见。"

现在的佐佐木，已经没有每天都要做的事情了。

"窗外的人们或步行或开车，很忙碌似的来来往往，但再看看我，已经没有地方可去，也没有理由出门了。以前会为了照顾父亲或者照顾生意之类的事情，整天都在外面东跑西颠，回过神来一天已经过去了。旁人或许认为我很忙，但是于我而言，已经做了这么多却没能得到成果。与之相对的，我觉得我……用一句话来说，就是没能得到认同吧，这让人感觉非常失落。"佐佐木坦言。

无事可做的佐佐木，从放着电视的房间向外呆望，看着街道的景色，视线所及之处是来来往往的似乎十分繁忙的行人与车辆，或是其乐融融的家庭。此时佐佐木总会忽然觉得，自己的人生实在是太过空虚了。

失去了工作带来的自尊，走向自我否定

鹦鹉的死，几乎让佐佐木失去了生活的意义。对他来说，这一冲击几乎让他没有气力继续活下去。佐佐木觉得，一个人活下去，只会让情况变得越来越糟，越来越糟，已经不知道如何生活下去，陷入了穷途末路的境地。

被一步步逼到绝境的佐佐木，在某天突然想起来，其实还有一个人可以说说话，于是决定前去叨扰。社会福祉

协议会的一名男性职员在佐佐木照顾父亲期间，一直悉心倾听他的烦恼。在那段忙于看护父亲、与社会所有关联被切断的时光里，他也是佐佐木唯一能够说得上话的存在。

在日本，社会福祉协议会一般简称为"社协"，是一个致力于为地方自治体提供帮助、同时负责落实地方福利政策的民间团体。社协也会倾听子女讲述照顾父母时产生的烦恼。当时负责接待佐佐木父子的，正是资深社工前山健一。

佐佐木迈着略显蹒跚的脚步来到了窗口前，前山马上就察觉到了他脸色有些不对劲，将他带到了对谈的位置，面对面落座。

随后，佐佐木便开始向前山吐露心声，鹦鹉去世了，孤独无处不在，他现在非常痛苦，不知如何是好——"对于我来说真的很突然，早晨起来，它就躺在鸟笼底下，感觉心中突然裂了一个大口子。它对我来说已经不仅是一只鸟，而是家人"。

对于一边看着自己的眼睛，一边认真倾听，还时不时给出一些回应的前山，佐佐木评价道："我说了很久，前山君真的很有同情心。"

"那只鹦鹉我养了 20 年以上，在这期间父亲也去世了，我每天，每天，都在照顾它。虽然我看不懂鸟的表情，但是我总觉得它有时会对我笑。"佐佐木说道。

鹦鹉死了，佐佐木带着哭腔倾诉着，似乎全然没了活下去的生命力，那口气已经消失殆尽。

"我是个懦夫。这个世界上自我了断的人应该很多吧。但我就是走不出那一步，彻底把自己弄死的那一步。"

"可不能说这样的话。"

"就差那一步了。比如说就在那边的道口，如果在火车开过的时候跳下去，一切就结束了吧，但我就是迈不出那一步。"

"要再那么说的话我可真要生气了。如果有什么烦恼，完全可以来社协寻找帮助，我会一直站在你这边。"

"我一直以为，只有在问题很严重必须要来的时候，才能来……"

佐佐木坦白，他一直担心没有什么理由就不能来找前山谈话。他觉得前山一直挂念着他的事情，而自己这次却没有带来什么好消息，尽说些让人担心的话，非常难为情。

陷入"消失的劳动者"境遇的人们，失去了工作赋予的自尊，有很多人最终陷入自我否定的怪圈。佐佐木也是其中一员。他无法马上回到"工作"的状态中，反倒是走向了"既然如此那死掉会不会更好"的极端。

　　社工前山一边鼓励佐佐木，一边提出建议。当务之急并不是马上"工作"，从找回与人们交流联系的状态入手比较好。前山正努力地将佐佐木的状态导向好的方向，还建议佐佐木考虑出席男性看护者的"谈话会"，在那里他们可以彼此分享看护经验，增加交流。虽然前山非常热心地提供建议，但佐佐木并没有给出正面的反馈。

　　见状后的前山认为，既然佐佐木想要在社会中有一席容身之地，不如就先尝试一下短时间的"志愿活动"，并不需要急着工作。虽然佐佐木听到这个提案并没有马上表示"要参加"，但至少通过前山的不断鼓励，离开社协回家时的佐佐木，看上去冷静了许多。

　　佐佐木明白自己的孤独，想要摆脱现状，但缺乏真正走向与人交流的地方的勇气。佐佐木就是这么一个从社会中"消失"的存在。

看护 20 年所失去的东西

　　超长寿社会产生的问题之一，便是看护父母的孩子付出的时间会被延长到 10 年，甚至 20 年。和养育孩子不同，有很多人在开始照看父母时没有预想到这种生活的负担是如此之重。大部分人都是在开始看护生活后，才意识到这种生活之痛苦、之疲惫、之"看不到尽头"。

佐佐木也是一样，在父亲以回家继承家业为由叫他辞掉正式工作时，也并没有想到未来的负担是如此之重。回家之后，他打理家族生意，一个人照看父亲，并在父亲老年痴呆出现症状之后，将所有精力投入看护中，直到父亲去世始终竭尽全力。

"说实话，以前完全没有想到看护父亲的时间会持续这么久。回过头来看，20年，几乎人生一半的时间都用在了照看父亲上。我把这么长的人生都奉献在了照顾老人上，却没有获得相应的回报，别人一定感到不解。但实际上，我确实收获到了和父亲共同度过的一段亲密时光。再怎么说这也算一种回报吧。"

佐佐木不断强调，他并不后悔看护父亲。但另一方面，他又对自己现在的处境感到十分不平。照顾父母本应该是理所当然的事情，但因为缺乏能够得到支持的良好环境，在完成看护使命之后，不管是身体还是心灵，都已千疮百孔。

佐佐木慨叹："即使接受看护服务，但实际上能够得到外部帮扶的时间也非常有限，除此以外，大多数情况下都只是我和父亲两人大眼瞪小眼。父亲得了老年痴呆，根本无法沟通。所以不管多努力，还是没有办法得到任何人的认可。有时候会感觉非常荒谬，这么辛苦到底是为了什么。但不管怎么说，我都无法逃避。不管怎么说，我也只能一个人承担。没有一个人会对我说'真是辛苦了'。"

于是最后，佐佐木变得孑然一身，过着彻底与社会隔绝的生活。

佐佐木抱怨："现在的社会，天天喊着看护、福祉之类的口号，却把这么孤独的人放在一旁不闻不问。这样真的没问题吗？我已经孤独到出现心理疾病了。心理疾病这种说法虽然听起来有些奇怪，但是我的心真的已经碎了一地，被淹没在了泪水中啊。晚上睡觉，梦中听见父母欢快的声音，我都会突然醒来，结果发现自己已经哭得一塌糊涂。越哭越难受，但没有任何一个人会注意到我。这一切真的太荒谬了。"

一场名为"无止境看护"的噩梦

我们专门向在社协工作的前山健一询问了佐佐木当时照看他父亲的情况。前山表示，那是段孤独不堪的岁月，在名为"家"的牢笼中，只有父子二人不停辛苦鏖战。

"看护是在家这一极其密闭的空间里实施的行为。虽然我不是在谴责这种在家看护的行为，但是正因为极其密闭，佐佐木的烦恼与苦痛才没有任何人能够捕捉，而他也只能独自默默忍受。与此同时，与外界的联系持续地被切断，人会变得越来越孤独。正因如此，我才认为现在必须帮他和某些东西建立关系才行，我确实十分担心佐佐木的情况。"

前山认为，必须通过某些措施防止像佐佐木这样的专门看护者渐渐地与社会脱节。帮扶措施并不应该只提供给受到看护的人，还应该给提供看护的人。

他还补充道，今后不只是社协，他们还会和地方负责老年人福祉的机构合作，构建一个保护看护父母的这一代人——即"看护者"——的机制。

前山表示："为了能让看护者倾诉烦恼，也为帮助到更多的人，建立这样的机制极为必要。我认为支持看护者的机制必须在各地全面展开。"

社会公众或许也有必要转变想法。听到高龄的父母是由自己的孩子亲自照顾时，是否也会自然而然产生"这样的话就安心了"的简单想法呢？但是我们在采访现场看到的现实显然并非如此：越投身于看护，与社会的联结就越会被切断，也就越来越陷入痛苦之中。

实际上，前山此前也在向当地居民不停地传达"看护者"需要帮助的信息。

前山表示："暂且不谈能来社会福祉协议会谈话窗口

求助的人，我认为无法来到这里寻求帮助的人一定还有很多很多。如果大家都能意识到身边存在这样的'看护者'，如果能够提醒他们来我们这里寻求帮助，现状就会得到很大的改观。接下来必须让更多的人意识到与社协联系的必要性，在发现有些家庭看护负担过于沉重后，联系我们表达担心，这无疑十分重要。"

目前，在日本国会议员中，也有人在推进制定《看护者帮扶法》。不只是老年人、残疾人需要关注，在家庭密闭空间内看护父母的子女同样正被逼入绝境，正是因为社会渐渐认识到了这一点，才催生了上述行动。人们越来越认识到这些人同样需要具体的支持行动。必须要加速这些行动的进程。

赏花时喃喃自语的"消失的人"

登门拜访佐佐木的四个月后，日本迎来了樱花季。就在此时，佐佐木突然与我们取得了联系。

"我想去附近的公园赏花，要一起去吗？"

樱花对于佐佐木来说有着特殊的含义，那是父亲最喜欢的花。看护期间，每年，佐佐木都会推着父亲一起赏花、聊天。因此，接到佐佐木想约我们一起赏花的邀请，所有人都感到十分开心。

到了约好赏花的那天，和预报的一样，半田市的樱花盛放。湛蓝的晴空映衬着粉白的樱花，堪称绝佳的赏花时节。公园所见之处，尽是与朋友、恋人以及家人一起前来赏花的人群，到处都在开摆野餐，热闹的声音不绝于耳。

我们一边拍摄佐佐木独自赏花的镜头，一边沿着公园的一排樱花树漫步。

佐佐木在附近的便利店买了一个饭团、一瓶茶，慢慢地沿着那排樱花树向前踱步。在附近树下铺着野餐垫、吃着便当的观光客熙熙攘攘，佐佐木却不为所动，依旧向前走着，甚至都没抬头看樱花树一眼。接着，他看向镜头，自顾自说了起来：

"我为什么成了孤家寡人呢？在那边坐着赏花的人们，在社会中都有一席之地吧。而我不管在这儿走多久，终究还是无法融入社会，我甚至觉得自己在社会中根本都不存在，突然觉得自己存不存在其实都无所谓了。"

但在这个世界上没有任何人的存在是毫无意义的。佐佐木确确实实地存在于这个世界。他明白我们这个节目想要揭示的"消失的劳动者"的问题主旨，并且将自己全盘托出，帮助我们完成这个节目，这正是他所创造出的意义——我们也反复地传达给佐佐木这一信息。佐佐木一边说他知道这个节目的意义，但又一边接着说这个世界上真的存在毫无存在价值的人。

"你们都有能称之为'人'的部分，而我却没有。即使你们会想'那为什么你现在还在这里'，我也毫无办法。"

在人潮拥挤的公园中，佐佐木更加觉得自己毫无存在价值，这个念头在他的脑海中不断游荡。

"果然……怎么说呢，周边的人们都在开心交谈，而我只能独自站在一旁，此时此刻，更能感觉到自己似乎存在于另一个世界。只有自己的周边晦暗无光，而别人所在的地方却无比明亮灿烂。除了自己身边，其他地方都是热热闹闹的。最后就会觉得自己可有可无，孤独感甚至在我这么想的时候也消失了一半呢。"佐佐木说道。

不知道是不是因为不想看见人群，佐佐木背对着樱花树，坐在长椅上，默默地吃着从便利店买来的饭团。就在这时，一阵强风拂过，花瓣随风飞舞，绚烂夺目。粉白色的花瓣在这个春意盎然的公园中弥漫着，赏花的游客脸上都洋溢着幸福的笑容。在他们的对面，却是一个默默吃着饭团的中年男性的背影。这对比未免让人感觉有些残忍。

我们手中的摄像机继续对准佐佐木，他一边说着"我几乎从社会中消失了"，一边在漫天飞舞的樱花中吃着饭团。但或许，佐佐木心里正想着"要是摄像机能继续关注我，就能继续坚持下去"。

那时我们都抱着一种愿望：虽然只是采访者与被采访者，但还是希望佐佐木至少能在这段采访关系中，找到一些属于自己的存在意义。

第三章

任何人都有与社会脱节的风险

一个从美国经济的"谜团"中浮现的存在

首先，厘清一下"消失的劳动者"这个概念。

"消失的劳动者"，是专门研究劳动政策的美国经济政策研究所（Economic Policy Institute, EPI）提出的概念。如前所述，尽管自雷曼兄弟银行破产以来，美国失业率稳步下降，但并没有出现经济复苏和工资增长的迹象。这一大经济"谜团"引起了该研究所的关注，成为提出"消失的劳动者"概念的契机。

美国经济政策研究所在其报告《消失的劳动者》中对上述经济谜团给出了自己的解释："在现如今的劳动市场中，失业率这一指标无法有效涵盖就业机会较弱的群体，造成失业人数被低估。究其原因，关键在于存在诸多未被计算在失业人数中的'消失的劳动者'，他们并不处于失业状态，而是干脆放弃了工作（即不愿寻求就业机会）。"

换句话说，失业统计数据并不包括不再积极寻找工作的人，因此尽管这些人没有工作，但不会在失业者统计数据中显示出来。实际上，许多处于失业状态的人被忽视了。对此，美国经济政策研究所做出了以下解释：

> "消失的劳动者"因其就业机会较少，往往不会积极地寻找工作。也就是说，那些具备足够就业机会的人实际上要么正在工作，要么正在寻找工作。失业者仅在积极寻找工作的情况下才会被统计为"失业者"。然而，由于"消失的劳动者"缺乏就业能力，也没有积极开展求职活动，并不会反映在失业率数据之中。正因如此，才有必要以可见的方式对这些"消失的劳动者"进行数据化的统计。

有鉴于此，美国经济政策研究所对本国"消失的劳动者"的规模和趋势进行了长期的跟踪统计，从中间阶层的角度分析美国经济，并计算了相应的估计值。他们将这些估计值提供给国家机关等机构，提出必要的建议，使得数据能够服务于政策制定。具体的估算方法基于高度复杂的专业计算公式[1]，但简而言之，相关统计结果主要通过跟踪"劳动参与率"的历史数据估算而来。

　　根据估算，首先可以发现，自雷曼兄弟银行破产以来，"消失的劳动者"的数量急剧增加，最多时有近400万人。从年龄分布来看，绝大多数"消失的劳动者"是45岁以上的中年群体。如果将这些人数加入重新计算失业率，可以发现在2015年9月，美国的失业率从原本的5.1%上升到了7.4%。

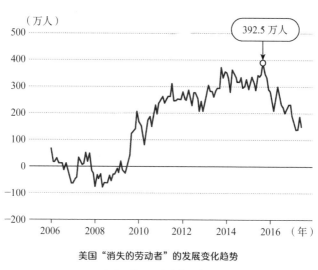

美国"消失的劳动者"的发展变化趋势

出处：美国经济政策研究所

1　［原注］具体可参见美国经济政策研究所官方网站：http://www.epi.org。

从本质意义上来说，失业率这个数字应该是"实际未就业人数占劳动力人口的比例"。因此，可以认为当时美国政府公开的 5.1% 的失业率并不一定能够准确反映实际情况。更接近实际情况的数据应当是 7.4% 的失业人口占比。

美国失业率的发展变化趋势

出处：美国经济政策研究所

日本版"消失的劳动者"

在日本，长时间闭门不出的"家里蹲"已经成为严重的社会问题，在这一背景下，可以认为，"消失的劳动者"很有可能也处于一个相当大的数量级。于是，日本放送协会特别节目组咨询了时任日本总务省统计研究研修所研究员西文彦，拜托其推算出"消失的劳动者"的大致数字。西文彦研究员是统计专家，曾在日本放送协会特别节目《老人漂泊社会》中分析过日本的国家统计数据，揭示了与父母同住的未婚者的数量及其经济状况，并提醒了这些家庭存在"亲子同倒"（即子女为了照顾高龄父母而与父母同住，导致生活质量大幅降低）的风险。

西文彦研究员指出，各个国家的就业统计，都会在调查方式与问卷内容方面存在不同之处。如此一来，既然要尝试计算日本的"消失的劳动者"的人数，就应该将日本官方公布的《劳动力调查》中被纳入"其他"部分的人群算作"消失的劳动者"，从而与美国的计算方法保持一致。

《劳动力调查》根据日本《统计法》进行的"劳动力统计"的核心数据展开分析，旨在获得关于日本就业和失业状况的基础资料。每月，有关部门对抽取的四万户家庭居民进行问卷调查，根据反馈的问答情况，推算出失业率等常见数据。

那么，所谓"其他"部分，又到底包括了哪些群体呢？调查问卷中，对在调查月份最后一周"完全没有工作的人"的分类包括：① 有工作，但是在休假；② 正在找工作（即对"失业者"的定义）；③ 上学（主要是学生）；④ 做家务（家庭主妇和家庭主夫）；⑤ 其他。也就是说，

"其他"这一选项代表着"既没有工作，也没有在找工作，并且没有上学或做家务"的一类人。

虽说倒也并非不存在非常有钱因此悠然自得、什么活都不干的特定人群，但其数量肯定不多，所以姑且可将被归入"其他"群体的人数大致廓定为日本的"消失的劳动者"的数量。

还有一点，被列入"其他"分组的群体，不用说当然涵盖了所有年龄段，但统计详情中的确还包括相当明确的各年龄段统计。美国的"消失的劳动者"集中于中年，所以我们也将在日本的数据限定在 40 至 50 岁，以期从中一窥真实情况。

既非"啃老族"，亦非"家里蹲"

在西文彦研究员的帮助下，我们探究了过去 20 年间日本"消失的劳动者"的数量变化情况。

结果显示，1997 至 2017 这 20 年间，日本四五十岁的人口数量减少了 16 万，但其中"消失的劳动者"的数量，从 73 万增加到了 103 万，上涨了 41%。

进一步比较 2009 年雷曼危机后和 2017 年的情况可以看出，同一代的"失业者"人数从 11.3 万减少到了 7.2 万，而"消失的劳动者"的数量则在 100 万左右波动，保持稳定。

因此，过去几年来的情况是，"消失的劳动者"的人数一直超过"失业者"。换句话说，从统计数据中可以看出，在中高年龄群体中，日本的"消失的劳动者"比例逐渐增加，并被甩在了经济复苏的进程之外。

很多人可能听过"啃老族"[1]这个词。这一概念由英国社会学家提出，主要指代那些不在工作、不找工作，也不接受教育或做家务的人。尽管这样的解释似乎与"消失的劳动者"很相似，但在日语中，他们通常被称为"年轻无业者"，仅限于 15 至 34 岁之间的青年群体。他们从学校毕业或辍学后，不去工作、不找工作，整天在家无所事事，这在日本也被视为一个重大问题。而"啃老族"一词也在帮助他们寻求自立机制的过程中得到广泛使用。

日本各地都在推行帮助"啃老族"自立的支持政策，包括设立帮助年轻人就业的公共职业介绍所与自立帮扶中心等机构。然而另一方面，这些机制并没有将四五十岁的中年"消失的劳动者"纳入帮扶范围。正因如此，目前日本已经步入中年的"消失的劳动者"处于完全从社会保障制度的支持体系中脱离出来的状态。鉴于这一群体只能

---

1 ［原注］对应的英文缩写为 NEET（Not in Education, Employment or Training）。

将高龄父母的养老金作为安全保障，社会保障方面的专家评价称，"未来会出现对社会产生重大反噬风险的危险状态"。

与"啃老族"相似却又不同的，是被日本社会长期视为问题存在的"家里蹲"现象。厚生劳动省将"家里蹲"定义为："不去工作或不去上学，几乎与家庭成员以外的人毫无交流，在家处于闭门不出状态六个月以上的人。"

"消失的劳动者"与"家里蹲"作为一种正在发生的社会现象，存在重叠的部分。内阁府发布的"家里蹲"实态调查披露了最新的数字，2010年度"家里蹲"的人数达到了69.6万，而2015年度则是54.1万。

日本总务省对"家里蹲"的定义要比厚生劳动省宽泛得多：将"只因为兴趣外出""会外出至附近的便利店""几乎不从自己的房间中出来"等状态持续六个月以上的人悉数纳入进来。但由于至今为止的调查都只针对39岁以下的人群，所以目前尚无法了解到40岁以上中年人群中"家里蹲"的数量。

然而，随着虐待、杀人案件频繁见诸媒体，日本社会中的"家里蹲"问题开始进入公众视野并被大肆报道，内阁府也开始了针对40至64岁"家里蹲"群体的调查。2019年3月发布的结果显示，日本全国40至64岁人群中

"半年以上处于家里蹲状态"的，约有 61.3 万人。

有超过四成的"家里蹲"，是在 40 多到 50 多岁期间进入这种状态的，这一数据明确地体现出了中年陷入"家里蹲"状态的风险很高。而且，在陷入这一状态的人群中，虽然数据显示七成以上为男性，但由于女性可能会将"做家务与看护"视为劳动，认为自己并非"家里蹲"从而没有如实回答问题，也就是说，在女性群体中可能仍存在未被发现的"家里蹲"黑数。对此，将在后文详细说明。

总之，得到统计结果后，时任日本内阁府负责人表示，"今后需要出台针对非青年人群的支持政策，同时要让社会更广泛地意识到中年人群同样需要这方面的帮助"。

思考"消失的劳动者"的社会成本

简单来讲，"消失的劳动者"的影响在于，本应是劳动主力的四五十岁人群长期游离在劳动力市场之外，给经济和社会带来极大的问题。

目前，日本正处于"慢性人手不足"状态，将老年人、女性、外国劳力引入劳动力市场成为当务之急。日本政府也提出了"一亿总活跃社会"政策（当时的安倍内阁提出的以提振经济、支持育儿、强化社保为中心的战略构想），必然要想方设法解决人手不足的问题。但也正是这样的日本，还有100万以上处于劳动主力年龄段的国民偏偏游离于就业市场之外，"从劳动市场中消失"了。

在制造业等领域，企业因为人手不足而倒闭的案例比比皆是，并且愈演愈烈。另一方面，日本社会还存在着未被发现的劳动力。在这样紧迫的状态下，如何活用这些劳动力，找到让"消失的劳动者"回到劳动市场的对策，显然成为当务之急。

还有一点便是，现在这一批没有从事劳动的四五十岁人群，根本没有为自己的老年生活做足准备，更没有能力去支付养老保险费。也正因此，他们迈入老年后几乎都要依靠政府提供的生活救助才能生存。这一问题在未来所需要的社会成本不容小觑。

同时，在很多家庭中，已经步入中年的孩子仍然依靠父母的养老金过着"家里蹲"的生活，被逼入绝境的父母也不得不担心自己的身后事。日本各地司法书士会[1]接到的咨询中，想要在父母死后进行财产托管的案例也纷至沓来。即使在父母生前就将财产交给专业的法律人士管理，

---

[1] 司法书士会（司法書士会），日本各地司法书士的行业自治组织，司法书士主要负责商业注册、房产登记和司法诉讼档案准备等工作。

每个月转入定额的生活费，也不一定能够切实保障安定的生活，说到底，不属于这种保障能够涵盖的范围。

比从劳动力市场消失更糟的问题是，若蛰居状态长期持续，"家里蹲"群体就有可能从社会中"消失"。如果这样的话，支持这些人的生活起居将耗费巨额社会成本，另一方面，出现过多和区域社会没有任何联系的人，也有可能造成社会的普遍不安。

"消失的劳动者"预备队的现实情况

在观察这些"消失的劳动者"时，不难发现，他们之所以陷入穷途末路的困境，其实是因为每个人都曾遇见的平常琐事。

其中，看护是一个重要的原因。即使在公司正常上班，但为了看护父母而离职的人，必须面对非常大的风险。干着兼职等非正式工作的人要换工作也很难，最后很容易因为看护父母的负担过重而完全脱离工作岗位，只能依靠父母的养老金过活。

在此，还想重申一下之前的观点，看护父母与养育孩子不同，大部分情况下都会面临"越来越重"的负担。考虑到这一点，想必没有人可以表示这个问题事不关己从而高高挂起吧。

特别是女性，一旦步入中年，要是还做着非正式工作，换工作将会难上加难。即使成功跳槽，时薪也会慢慢降低，很多人都会面临经济上的风险，如果在这种情况下看护的负担加大，很容易就会陷入穷困状态。

2018 年 4 月，节目组与一位在非正式工作中反复辗转的女性不期而遇。这位女士为了看护父母不得不频繁辞职，但之后为了获取收入又会很辛苦地寻找新工作。但是，如果她下一次无法成功找到工作呢？如果看护的负担突然加大呢？如果必须放弃工作呢？她是不是就要被迫成为"消失的劳动者"中的一员呢？在这个意义上，这位女士当属"消失的劳动者"预备队中"货真价实"的一员。

为了直接与她对话，我们来到了距离横滨市日本旅客铁道株式会社保土谷站步行约 15 分钟的一个娴静住宅区的一角。这位女士就居住于此。位于高地的独栋住宅乍眼望去，竟让人有种富家生活的感觉，建筑风格优雅，与"消失的劳动者"的形象相去甚远。气派的房子让人不禁开始思考她的生活，想着这些，我们按响了门铃。很快门就打开了，仿佛她已等候多时，这位名为原真由美（化名，53 岁）的女性热情地迎接了我们。

她说："这里是我居住的合租屋。其中的一间房间归我住。因为还有其他的住客，拜托请保持安静哦。"

尽管外观是独栋，但实际上是由闲置房改造而成、专为女性租客设计的"合租屋"。厨房、淋浴间和厕所大家共用，每位租客有约四叠（七平方米）大小的私人空间。

　　由于与其他五位住客一起租用整栋房子，所以租金要比一般的单间公寓便宜。据说，在首都圈，利用这种空置房屋的合租屋的数量正逐渐增多。

　　由于在共用空间感到有些束手束脚，原女士领我们去了她的房间。一个看上去连四叠都不足的小房间，被单人床、小桌子和小衣柜塞得满满当当，大家都感到有些局促。但对于原真由美米说，这个位置相对靠近都心、租金又便宜的合租屋，似乎正是她需要的栖身之所。

　　原女士表示："租金包括了水电等各种费用，总共是4.65万日元。如果再从市中心向外一点，应该会有更便宜

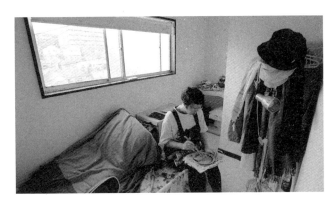

在自己房间的床上进食的原女士

的地方。但我毕竟是一个人生活，对我来说必须住在方便的地方才能生活下去。所以就选择了这里，位置便利又价格适中。"

原女士在接受采访时透露，自己目前作为非正式的派遣员工，与横滨某区役所签了六个月的合同，负责进行个人番号[1]注册等工作。这是一种被称为"非正式公务员"的职位。由于工作内容主要是进行数字输入等简单的操作，所以时薪不高。原女士自嘲地将自己的工作比作"流水线工人"。

"要说的话，这份工作的工资确实很低，会让我有一种不得不花更多时间工作的感觉。工作不需要多少专业知识，感觉自己就像流水线工人一样不停地重复劳动，虽然这个例子可能有点刺耳，但确实如此。因为是简单的工作，所以不付出相当努力，是赚不够生活费的。"

原女士向我们展示了她的薪资明细，上个月的税前收入是 13.485 2 万日元。扣除了税金等杂费，实际到手10.823 7 万日元。这个数额还得扣除每天都得花的交通费，共 6 270 日元，林林总总算下来，原女士的实际收入大约

1　个人番号（マイナンバー），又称为个人编号，是配发给日本所有国民和登记住民票的居民（包括外国人）的 12 位数字编号。从 2016 年 1 月开始，办理社会保障、税务和对抗自然灾害等相关手续时，都需要提供个人番号。

是 10.2 万日元，而这个月她一共工作了 19 天。

"这个月的收入可能还算是比较高的了。有些月份可能工作时间还不足 19 天。要是按少的来算，一个月的收入甚至可能不到 10 万日元。就年收入来说，可能还没有达到 100 万日元。"

日本宪法规定的"最低限度的生活水准"，即政府发放的生活救助金，是一个月 13 万日元（视居住地而有所不同）。我们问原女士，对此作何感想。

她回答道："说起这个，也没有什么想法。我的收入甚至要比那些领生活救助的人还少。但是说实话，如果一个月能花 10 万日元，就能过得很宽裕，不觉得有什么很困难的地方。"

扣除房租后，原女士每个月还剩下大约 6 万日元，用这些来购买食物和支付其他生活开销。

"我觉得现在的收入也还可以吧。如果一个月都满勤，大概也就是这样子了。但如果没有固定工作，收入会更少。我确实是年纪大了，没法像年轻人那样干活麻利，所以已经'躺平'，没那么拼命了。"

当然，原女士现在的收入也仅够维持基本生活，没有余钱购买衣服。两年前打折时买的半价外套就算是最新的衣服了，剩下的衣服看起来都比较旧，但她仍然敞帚白珍，表示已经养成了节约的习惯，衣服能穿得上就行，完全不会去想买更好的东西。

她补充道："其实衣服不用每年都买，又不是不买就活不下去。总而言之，除了食物等必须购买的消耗品之外，我尽量不把钱花在其他方面。"

原女士对自己的餐费也格外节省。她会去便宜的蔬菜店进行大采购，每次只做一点，平时根本不会涉足价格比较昂贵的便利店和超市，在家大部分时间也只吃煮菜和意大利面。她会在狭小房间的桌子上仅有的空间放上餐盘，一边看着电视一边独自进餐。孤独的背影，不由得让人感觉有些落寞。

还没找到下一份工作，派遣合同就到期了

几天后，原女士的派遣合同到期。在横滨市区役所的一楼，设有个人番号登记受理窗口，在这里，总能看到她专注工作的场景。原真由美负责为来窗口咨询的居民提供服务、解释手续等。由于行政工作需要一定的知识储备，她也曾努力学习个人番号制度和手续等相关知识，以便更顺利地为市民提供帮助。

当天傍晚五点，原女士结束了为期六个月的合同工作。窗口关闭后，有人告诉其他职员，原女士要离开这里了。

"诸位，今天是原女士最后一天来上班了。"

紧张的原真由美被催促着来到了聚集在一起的职员面前，慢慢地环视了一下大家。

"这是我第一次来公家单位，虽然工作时笨手笨脚，但大家给予了我很多指导，非常感谢大家。"

就在这一天，她再次失业。

原女士表示："有些落寞，但也有一种松了口气的感觉。从一开始就知道这份工作只会持续半年，现在也无计可施。结束了这份工作就去找下一个，我的想法就是这么简单。"

对于50多岁的原真由美来说，没有找到下一份新工作，情况确实相当严峻。

然而，对于不断更换短期工作的她来说，这已然是家常便饭，似乎不是什么大问题。原以为她会去找份长期工作，但看起来仍然要去打短工。

"虽然并非没有想过要改变现在的生活，但现在来看即使想改变也改变不了了吧。在潜意识里，或许就觉得自己不可能过上更富足的生活。无论心理上还是经济上，我都不认为自己能过上更富足的生活。我只是觉得不可能。"

原女士此前只从事过简单的办公工作，缺乏更丰富的经验，所以连自己想做什么工作都毫无头绪。但一旦承担巨大责任时，她又会感到负担沉重，正因如此，她才一直接受现状、得过且过。

而且，她从未对这一点产生过怀疑。

"我并不认为会找到什么好工作，有什么好待遇。都50多岁了，即使偶尔想想'这个世界上还存在能让我发光发热的工作吗？'，也想不出个所以然，大概是没有吧。人一年过半百，就不禁觉得（生活）开始走下坡了。"

在没有确定下一份工作的情况下，原女士过着看不到未来的生活。她全然不顾未来会怎样，就这样生活着，没有目标、没有梦想，也没有希望，只是日复一日地活着。虽然听着很让人绝望，但她时不时地还会绽放出快乐的表情，在交谈中也会展露笑容——或许她是一个内心坚强的人。

原女士还是袒露了心声："到底要走向何方呢？我也不知道。我就像一个没有带地图的旅者，失去方向般地生活着吧。旅者心里总归有个目的地，但我心里没有。如果有目的地，我就会有地图，我看着地图，找到方向，指引着自己的生活。"

我们问她，这种没有方向、没有着落、不知道走向何方的人生，是否会令她感到不安？她的回答是坚定的——

正因为不知道哪里是归宿，她才自由。

"我觉得没有目的地其实也没关系啦。因为可以过上无拘无束的自由生活。我每天过日子需要钱，我也只是为了钱去工作。"

原女士说自己并不想让生活变得更富足，她对自己现在的生活非常满意。但或许就是通过不去追求更高的理想，她才让现在的自己悠然自得。

但其实她的内心还是会感到些许空虚："这些年过着这样的生活，其实已经渐渐习惯了，觉得这就是常态。或许打心底里就是觉得自己过不上什么富足的生活吧。但有时候还是会觉得生活缺少了点活力，一片茫然。"

在泡沫经济中迷失

其实，原女士曾有过一段非常充实的工作经历。20多岁时，借着海外留学的经历，她进入外资证券公司工作。当时的她，作为派遣员工，时薪是 2 000 日元。最多的时候，一个月的收入甚至能够达到 40 万日元。除工作外，日常生活也十分充实，每次长假，她都会远渡重洋去自己喜欢的地方海外旅行。

原女士给我们看了当时与公司同事拍的合影。在一家意大利餐厅里，她穿着时髦，与伙伴们围坐在桌旁，举起酒杯，比出"耶"的手势，脸上洋溢着笑容，那时的原女士可谓光彩照人。

但，彼时身穿西装、光鲜亮丽的职业女性生活，在她45岁时戏剧般地急转直下，原因非常简单，派遣工作的合同没有得到续签。当时雷曼危机席卷各个行业，许多公司纷纷进行了"派遣裁员"，处于弱势地位的派遣员工首当其冲被扫地出门。原女士所在的外资证券公司也不例外。

就业市场遭遇寒潮，新的职位几乎绝迹。原女士好不容易终于找到了一份月薪14万日元的饭店工作。她进入这家位于某地的企业，与一群20多岁的年轻员工成为同事。

原女士回忆："薪水虽然下降了很多，但每天过得都很轻松，解放感压过了曾经的失落。"

然而，这份酒店正式员工的工作也并没有持续多久。泡沫经济破裂，在此之后的很长时间一直萎靡不振，饭店的客流不增反降，不得不开始解雇员工。原女士也不幸失去了刚刚找到的工作。在那之后，她开始频繁地更换各种非正式工作，例如为自动贩卖机补货的辅助业务、用计数器统计车站内乘客的计数工作、为大型古书店仓库理货等，这些工作的时薪都只有1 000日元上下。

原女士感叹："已经过了 50 岁，但感觉未来的生活并不会有什么好转，没有像样的技能，也没有什么目标。感觉人生陷入了僵局。"

经过多次跳槽，不仅生活没有好转，收入还一再下降，她感觉自己像是被卷入了一个旋涡，一步步被拉进深渊。

"真的不知道该怎么办。虽然生活还得继续，但应该依靠什么去前进，怎样去度过，我都不知道。或许一直这样下去，年纪越大，生活也会越来越萎靡。但我对怎么改变这个现状毫无头绪。"原女士表达了自己的担忧。

父亲的看护——压在她身上的重担

可能有些人会觉得，虽然从事的都是非正式工作，但至少可以尽量在同一个单位工作更长时间，至少可以通过这种方式让自己的生活更加稳定。但其实有一个阻碍原女士长期工作的因素，那就是她在北海道农村生活的父亲。

这一切开始于三年前，一直身体健康的母亲突然去世。92 岁的父亲独自留在了故乡。原女士之前从未与这个固执寡言的父亲认真交流过，但因为母亲还在，她认为母亲可以支撑着父亲。但事与愿违，母亲走在了父亲前面。

虽然周围有亲戚在，但原女士绝对无法将父亲的照顾完全交给外人。周围的人都认为，原女士仍是单身，肯定无所牵挂，这让她感受到了一种不得不由自己来照顾父亲的氛围。

"仿佛所有人都在对我说：（在所有亲人中）只有你一个人是单身，所以你可以照顾他吧，就像要把所有事情都推给我，让我一个人肩负起在身心上都很吃力的看护任务。就连我独自留在城市这件事，或许也会有很多人因此认为我自由散漫，任性地不回家吧。"

也是因为来自周遭的压力，原女士现在定期回家看望父亲。大概三个月一次，每次在家待上七到十天左右，在此期间她会帮父亲买菜做饭、收拾家务，尽可能地支持父亲的生活。但非正式工作很难允许她为了看护休假这么长时间。所以她也只能找那种两三个月短期合同的工作，四处辗转生活。但很遗憾的是，能找到的工作，条件都相当苛刻。

"最近，我在面试的公司也被问到过'能在这里上班一年左右吗？'。我说，我得照顾老人，每两个月要休息一周，要不然会很难办。未曾想这句话出来气氛一下变得很尴尬。我觉得一般来说很难找到符合这种要求的工作。如果是作为正式员工被长期雇佣，或许还能考虑，但鉴于我现在的情况，大概不会有人愿意聘用我吧。"

原女士担心，一旦某段工作不是很顺利，就会陷入没有收入的困境，因此虽然还有年轻时积攒的存款，她却没有轻易动用，以备不时之需。当然，之所以处于如此窘境仍坚持看护父亲，其中也有着作为女儿的情感。

"也算出于一种责任感吧。总不能置父亲于不顾，对吧？但是，我也做不到坚定地说自己一定能够一直坚持下去。"

在从事非正式工作的同时，由于对父亲的护理负担加重，原女士对未来感到越来越迷茫。既不能抛弃需要护理的年迈父亲，也陷入了如果为照顾父亲辞职，自己就不得不成为"消失的劳动者"的窘境。

原女士表示："自己到底在做什么呢？就像没有带着地图的旅者一样。我觉得自己陷入了人生的困境，不知道该如何继续活下去……"

现在，她每隔两个月会帮父亲进行购物、清洁、整理家务等工作，然后在接下来的两个月里，就由父亲自己一个人勉强生活。尽管处于勉强支撑的状态，她还是尽量想办法兼顾看护与工作。但是，如果未来父亲出现老年痴呆的症状，要随时照顾该怎么办呢？原女士对此也没有答案。

每次回家都会袭来的恐惧

五月，结束区役所的工作之后，原女士为了照顾父亲，回到了北海道。她的老家在距离北海道北见站步行20分钟的地方，是一处坐落于山间、人口不断流失的村落，剩下的几乎都是高龄老人。附近已经没有人居住了，一片寂静。原女士的老家被绿色的野生山林包围，风景美不胜收。

但是，每次在家被寂静笼罩之时，原女士总会感到恐惧。

"一回到老家，总感觉自己像被关到牢房里一般。因为没有驾照，所以无法自由地去到别的地方。总觉得像是被束缚在父亲身边一样。"原女士说。

我们问原女士，不能自由活动的她，如果以后一直待在家里，觉得未来会是什么样子呢？令我们意外的是，原女士就像在说着别人的事情一般，轻描淡写地说，她会和父亲一起死去。

"这里只有我和父亲，没人能依靠，也没有多少钱。哈哈，大概最终会变成干尸吧。可能会因为没人发现而在这里坐以待毙。一旦开始这么想，就会觉得思维都被收紧了，只能不停地去想死这件事。"

并且，由于在城市里的生活状态十分放松，回到乡村的原女士感觉非常孤独，情绪极度低落。

"真的很孤独。没有人可以说话，感觉一切都变成压力向我袭来，非常失落。"

情绪不佳时，原女士觉得自己的未来都被封印住了，连生存价值都不复存在。

"感觉我自己已经完了，没有机会了，没有活下去的动力。我可能再也不能充满活力地活着了吧。"

尽管如此，原女士仍然为了照料父亲继续着往返故乡看护的生活。她打算下一次回老家时花两周时间集中采购与大扫除，这给了我们采访的机会。

在北见车站碰面后，我们跟随原女士的引导，走过山路，稍微爬了爬坡，就来到了她的老家。房子不大，旁边有一个小屋，前面停着一台闲置的拖拉机。远处的山坡上，是一片休耕的农田。这个地方真是出人意料的空旷，不由得让人想起了电视剧《北国之恋》[1]。

打开大门，原女士 92 岁的父亲源藏（化名）先生出来迎接我们。虽然腿脚还很利索，每天都会借助放大镜认真地看报纸，但实际上因为视力和听力的退化，他已经很

---

1 《北国之恋》（北の国から），日本富士电视台制作出品的电视剧系列，故事以北海道富良野市为舞台，以温情慈爱的笔触描写家庭亲情之爱、人性之爱，被赞誉为"高尚精美的人性戏剧"。

难一个人去到远处采买生活必需品了。

进入屋子时，天色渐晚，原女士就问父亲是否要开灯。然而原女士重复了好多遍，源藏先生才勉强听到，进行对话似乎不算顺畅。

"只开这盏灯吗？不用开别的灯吗？"

原女士大声地问着源藏先生，但很显然源藏先生只能勉强听到。

"嗯，打开吧。"

房间里杂乱无章，原女士不辞劳苦地整理着，打扫着。特别是平时父亲不使用的二楼房间，到处都是夏季在北海道大量繁殖的瓢虫尸体，它们堆积在那里似乎已经很长一段时间了。借着这次回来的机会，原女士默默地用吸尘器清理着地面。

源藏先生不希望给在大城市的女儿带来麻烦，他认为"自己的事情自己能解决"，不会主动寻求帮助。然而，原女士担心父亲随着年龄的增长，不能处理的事情会越来越多。让父亲一个人住在这个空空荡荡的房子里，不免会让她担心。

父亲不想离开熟悉的家，女儿希望父亲去住养老院——两个人各有心思。

源藏先生虽然腿脚有些不方便，但仍希望能在家中生活。对此，他也有自己的理由。在他腿脚还利索时，曾经去探望过住在养老机构里的亲戚和熟人。在那里，他目睹了进入养老机构后的生活状态：被各种规则束缚，没有自由。

"进了养老院，这个不可以做，那个又不可以做，每个房间甚至都有自己的规矩。在自己家，可以随心所欲，但在那里就很难想干啥就干啥了。要是进去的话，我肯定会疯的。我的思维、我的情绪和我的头脑都会出问题。所以，绝对不想去，宁愿死也不会去。我早就给自己造好了坟墓。"

原女士认为，源藏先生希望在家里生活，不失为一个选择，因此并未坚决反对。只是，如果父亲的身体状况进一步恶化，行动更加不便，自己就得更为频繁地回来看护。

"虽然目前并没有想做的工作，不急着回去。但比起做讨厌的工作，待在老家和父亲在一起会让我更难受，在老家的感觉更糟糕、更痛苦。不管选择哪个，心里都很不好受。"

或许总有一天，原女士必须要在父亲的护理和工作之间做出抉择。到那时，她或许会放弃工作，回来与父亲同住，依靠养老金生活。

又或许她会选择继续工作，同时频繁地前来看护。但看起来，无论走哪条路，原女士都无法为自己构建一个光明的未来。

原女士绝望地说："看不到光明。我身处黑暗中，却不知道往哪里走。我迈开脚步，却不知道是在前进还是在原地踏步。现在已经在一片黑暗中了。感觉很无助，就像被黑暗的海水冲走，在上面翻滚漂浮。前方没有任何救赎，绝望而又无助。没有人能帮得到我。"

"我想好好地考虑一下未来的事情"

翌日，原女士和源藏先生站在自家的农田里。自从三年前母亲去世，这片地就荒废了。源藏先生让原女士和他一起做农活，他想在这里种些南瓜。源藏先生堆好田埂，一颗颗地耐心地撒下种子。看着父亲在田里劳作的身影，原女士发话了：

"好多石头呀。"

"准备种南瓜来着。"

"嗯……"

"我还是第一次干这个。"

父亲即使在这样看不到未来的日子里，仍准备展开新的挑战。原女士有些被触动。

"就种这些吗？"

"嗯，没问题的。"

在初夏温暖的阳光下，父女两人的对话宁静又安稳，安稳到感受不到一丝对未来的不安。

下午，原女士在确认父亲没有问题之后，牵着家中的白色老狗外出散步。道路两旁的柳树开始抽出嫩芽。远处村庄小学上空飘扬着大大小小的鲤鱼旗。

原女士一边看着自然与季节的变迁，一边漫步乡间。她发现一边散步一边模模糊糊地思考事情，似乎会让思路更清晰。而今天，她决定好好考虑一下未来的事情。

过去，她总是避免去想这些事情，担心未来只可能变得糟糕。现实是，如果父亲的健康状况进一步恶化，而他又坚持不想进养老院，那么就必须有人照顾他。毫无疑问，能照顾父亲的只有原女士，别无他人。

"每次来这里，我都下定决心不要在这里长住。凭什么要为了自私、任性的父亲牺牲自己？"

原女士似乎是想释放沉重的心情，突然吹起了口哨。她吹奏的是英国音乐家艾瑞克·爱都（Eric Idle）创作的歌曲《要看到生活好的一面》。这首歌曲调欢快，歌词大意是，看不见自己未来的人，与其不停抱怨，不如选择吹起口哨，驱散不开心的事情。

这首歌似乎也与原女士的生活颇为契合。生活中总会有些不开心的事情，遇到人生的困难，与其抱怨，不如选择吹起口哨。歌词想表达的道理是，人生还长，总会有好转的一天，要看到人生积极的一面。她说，只要哼起这首歌，旋律响起，就会感到些许振奋。

"这首歌在告诉我，烦恼的事就算再怎么去想也没有用，所以我会不自觉地哼着这首歌，就像给自己打气一样。现状就是这样，平心而论，我并不讨厌，偶尔回到乡下让自己稍事休整，也挺不错的。"

原女士走在笔直的小路上，前方的道路似乎会一直延伸到天涯海角。然而，她并不知道在道路尽头等待自己的究竟是什么。尽管如此，她一边吹着口哨，一边微笑着，坚定地继续前行，在她挺拔的身姿里，我们看到了力量。

面临这种情况的不止原女士一人。还有很多与她一样的中年人，一边面临成为"消失的劳动者"的风险，一边继续走着人生的道路。为了至少能给他们带来一些充满希望的光明瞬间，应尽快建立公共支持制度，以便当中年人承担起照顾父母的责任时，尽可能避免"看护离职"现象长期化。

单身中年 + 非正式工 + 女性

像原女士这样，从事非正式工作的中年女性，大多数情况下所承担的风险比男性要高得多。这些女性面临的状况到底有多么严峻呢？实际上，确实存在进行实际调查并给予这些女性支持的团体，例如位于横滨市户塚区的男女共同参画中心。

过去，这个团体一直致力于为女性的自立提供就业支持。支持对象主要是单身母亲、女学生、年轻无业女性（不去上学也不去工作，即"啃老族"）。但是现在，他们深切地体会到，最缺乏支持的阶层，正是从事非正式工作的单身中年女性。

当时担任该中心事业企画课长的白藤香织女士，意识到了单身中年女性的问题。她曾参与了一项针对大学毕业后就业困难的年轻人的支持课程。课程原本是为15至39岁的年轻人设计的，但40岁以上单身女性参与者的出现，成为她意识到这一问题的契机。

然而，面向年轻人的传统课程并不能很好地满足40岁以上单身女性的需求。即使参加了课程，她们往往也无法获得实际的帮助。这促使白藤认识到，有必要为这些中年单身女性提供专门的支持。

为了具体确定应该推进哪些支持措施，白藤等人认为需要更详细地了解中年女性的实际状况，于是决定对261名年龄在35至54岁之间从事非正式工作的单身女性展开问卷调查。

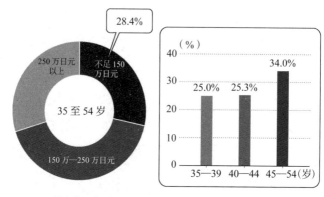

从事非正式工作的单身女性的年收入分布环形图，以及

年收入 150 万日元以下人群的年龄分布比例

出处：横滨市男女共同参画推进委员会《针对给予从事非正式工作的单身女性社会支持的必要调查》

　　调查结果显示，超过七成的受访者年收入低于 250 万日元，而在 45 至 54 岁之间，年收入低于 150 万日元的人占 30% 以上，随着年龄增长，收入逐渐减少，现实情况会更加严峻。白藤女士通过分析问卷调查结果，重新确认了单身女性面临的严峻现实。

　　"一直以来，非正式工作被认为是女性在结婚后为兼顾家务和育儿而心向往之的热门工作形式，比如兼职、打工或派遣。然而，时代在变，现在单身女性被迫从事非正式工作的情况越来越多。"

　　对于单身女性来说，不仅得凭自己的收入维持生计，还需要为退休做准备。然而，非正式工作合同期限最多三年，劳动者不得不频繁更换职业，特别是对于女性而言，随着年龄增长，工资水平下降，可选择的工作范围也变窄。白藤女士指出，在非正式劳动的工资问题上，女性面临的形势比男性严峻得多。

"本来女性的工资就较男性偏低，工资结构失衡的问题一直存在。并且，日本社会普遍认为，从事非正式工作都是他们自己的问题，是他们咎由自取，从而将所有责任一股脑地推给深陷困难之中的这一群体本身。"

这些人是在打败局已定的"垃圾比赛"[1]吗？

该团体进行了一项调查，许多女性受访者在问卷自由撰写部分填写了自己的哀怨："即使去面试，也会被无情地问及'你之前都在做什么'。""明明没有孩子，却一直从事非正式工作，他们都说是我自己的责任，这让我很难受。"

很多受访者自怨自艾，认为都是因为不够努力，才导致了这种结局。面对社会的严厉评判，她们的自信心备受摧残。然而，实际上让这些女性陷入困境的，正是这个社

1　垃圾比赛，体育竞技中名次结果已经确定但由于赛程而不得不进行的比赛，即"无关痛痒的比赛"，因篮球比赛有"垃圾时间"一词，故权以"垃圾比赛"译之。

会的制度。专家们也指出了这一点。对此，将在下一章详细讨论。

基于针对从事非正式工作的中年单身女性的调查，从2016年开始，男女共同参画中心开设了专门针对从事非正式工作的单身女性的讲座。尽管并不频繁，但在两年的时间里，总计也有300多人参与其中。该团体还邀请了社会保险办事人员、理财规划师等专家，在守护自己的"工作"和"生活"方面为参与者提供建议。

白藤倾听了许多参加讲座的女性听众的声音，强烈呼吁人们要了解问题的严重性。

一位参与者表示，"人活百岁的话，那我才活了一半，却一直在打败局已定的'垃圾比赛'"。这句话深深地刺痛了白藤。

女性非正式员工，不属于任何一个集体。正式员工会对公司有很强的归属感，公司是他们可以依靠的地方。但是女性非正式员工没有这样的依靠。

又比如，大多数兼职的女性每个月工作20天左右，但由于是按时薪累计，几乎享受不到任何津贴，因此收入比正式员工低得多，也很难有机会提高收入，并不适用于政府设立的各项福利制度。她们不仅没有任何可以归属的集体，也被社会福利拒之门外。

若这样的女性还处于单身状态，既非妻子也非母亲，那么她连"家庭""家人"也未曾拥有。这样的女性不在少数，不管是在公司还是家中，她们不知道自己存在的意义，更难以确立自我认同。白藤女士在听到"垃圾比赛"一词时，切身感受到了这些女性的困境。

"人即便是到了中年这种被称为'大人'的年龄，也会出现'不知道自己是谁'的情况。很多人说，当意识到自己不可能出人头地时，感到非常不知所措。在这种情况下，她们一直是比赛的输家，一直在进行着没有意义的比赛。我认为，这个问题非常严重。"

第四章

专家视角下的结构性成因

催生"消失的劳动者"的社会

催生"消失的劳动者"的社会，究竟存在怎样的结构性成因呢？熟悉社会保障制度的专家将现在的中年人称为"容易被社会帮扶忽视的一代人"。

瑞穗情报总研[1]主任研究员、日本福祉大学教授藤森克彦在分析日本人口年龄结构后，对社会保障制度提出了自己的见解。他认为，至今为止，由于普遍认为中年人是"主要劳动力"等原因，这个年龄段的人群即便有困难也很难成为帮扶对象，容易被社会保障安全网忽视。

因此，藤森克彦认为，"消失的劳动者"是日本社会

1　瑞穗情报总研（みずほ情報総研），日本金融巨头瑞穗金融集团旗下的智库公司，主要业务是承接民间企业以及中央机构、政府机关等关于各个领域的研究和咨询委托。

结构变化的代表性现象。在过去，四五十岁的中年人结婚后或成为家中顶梁柱，努力工作，或成为家庭主妇，相夫教子。人们普遍认为，在他们之中很难产生贫困或孤独的问题。换言之，社会认为中坚群体可以自己解决生活中的风险。

然而，在如今的中年人群中，未婚人数增加，同时还有越来越多的人成为非正式员工，仅能获得有限薪水。其中很多人更是不得不照顾父母。如此形象，在经济持续发展的时代显然无法成为预设的人生模型。

藤森认为，对于这些无业或非正式就业的未婚中年人群体中存在的风险，如果继续置之不理，将有可能演化成更加严重的问题并显现出来。

"曾经，人们认为中年人或是负责养家糊口的正式员工丈夫，或是负责相夫教子的贤妻良母。但是，现在中年人的类型更加多元。其中，不仅非正式员工人数不断增加，未婚者的数量也节节攀升。这些无业或非正式就业的未婚中年人，由于没有配偶，比正常情况下更加缺乏与同龄人之间的相互支持，生活中的各项风险随之显现，问题也随之变得更加严峻。在社会帮扶一线也能听到这样的声音，认为出现了更多难以解决、十分棘手的中年受助者案例。问题背后隐含的原因之一就是'消失的劳动者'。"

领取生活保障金的老年人口急剧增多的问题亟待解决

基于总务省的人口普查，藤森对四五十岁中年人的人口结构随时代的变化进行分析，指出人口结构的巨大变化是"消失的劳动者"产生的结构性背景之一。

如下表（见下页）所示，若将 2015 年与 1995 年进行比较，四五十岁的人口虽然有所减少，但是其中未婚人数从 277 万增至 650 万，增长了一倍以上。另外，在未婚人群中，与父母同住的人数从 113 万增至 341 万，增长了两倍以上。

与父母同住的中年未婚人口增加的背景原因在于，非正式工作收入很低，许多人只能通过与父母同住减少开支，维持生计。另外，有人因为必须看护无法自理的父母，因此一直不结婚，与父母同住。还有人因为同时具备上述多重风险因素（未婚＋看护＋非正式员工）而与家长共同生活。

另外，藤森教授参加了公益财团法人中年退休金计划综合研究机构针对四五十岁中年未婚人群的调查，以对中年未婚者的真实生活状态进行分析。结果显示，与父母等亲人同住、形成了两人以上家庭的中年未婚者中，约两成处于无业状态。即便正值劳动主力年龄也不参加工作的人超过两成，对于深陷"人手不足"困境的日本社会来说，这显然是一种巨大的浪费。

四五十岁未婚人群以及"与父母同住"/"单身"人口数量增长情况

	总数			男 性			女 性		
	1995年	2015年	增长率	1995年	2015年	增长率	1995年	2015年	增长率
四五十岁人口①	3 650	3 432	0.94	1 818	1 720	0.95	1 832	1 704	0.93
其中未婚人口②	277	650	2.34	180	405	2.24	97	245	2.35
<②/①>	8%	19%	—	10%	24%	—	5%	14%	—
与父母同住③	113	341	3.02	74	212	2.86	39	129	3.33
<③/②>	41%	52%	—	41%	52%	—	40%	52%	—
单身人数④	121	269	2.23	81	178	2.19	39	91	2.32
<④/②>	43%	41%	—	45%	44%	—	41%	37%	—

数据出处：日本总务省《人口普查》1995年版、2015年版。不明数据按比例分配，因此与人口普查数据不一致。另外由于四含五入的原因，增长率与表中数据直接求得的结果不一致。

在中年未婚人群当中，非正式员工占比在男性和女性中分别超过 20% 与 30%。非正式员工的工作有雇佣期限，计时发薪，不得不经常换工作。这样的非正式员工占比的增加，也是中年人群当中存在的风险因素。虽然这些人目前还在工作，但是可以预见，其中很多人在未来极有可能成为"消失的劳动者"。

在四五十岁的未婚人群中，年收入 100 万日元以下的人数略少于三成。如前所述，其中很多人难以实现经济自立，只有选择和父母一起生活，加上父母的退休金才能勉强维持生计。这时，其中的风险被"家人"这个黑箱隐藏。等到父母过世，问题凸显时，往往为时已晚。

在相当长一段时间内，"消失的劳动者"这一问题都隐藏在"家人"这个黑箱当中。然而，藤森教授指出，在这一问题已显露苗头的当下，如果还不采取任何措施，在未来问题将会变得更加难以解决。

这是因为，这一群体在二三十年后也将步入老年。因此，如果任由事态发展，需要领取生活保障金的老人恐怕会比现在更多。

"为何中年未婚人群中低收入者占比高，这是因为很多人遭遇就业冰河期，只能作为非正式员工就业，收入和工作都不稳定。另一方面，非正式员工的工资并不会随着年龄上升而增加，如果建立家庭，将面临能否负担子女的教育费用以及住房贷款等问题，因此对于未来会产生种种不安。最终，他们或不想结婚，或放弃组建家庭。"

中年未婚人群的年收入及就业情况（单位：%）

	本人年收入低于100万日元	就业情况					
		正式员工	非正式员工	个体经营、就职于家族事业	自由职业、副业	无业	其他
单身男性	19.6	47.7	19.0	12.3	3.1	13.9	4.0
单身女性	15.5	43.4	31.2	4.4	7.5	11.7	1.8
两人以上家庭中男性	25.4	39.8	19.6	14.9	4.6	18.7	2.5
两人以上家庭中女性	38.5	31.8	34.7	6.6	5.0	20.3	1.6
合计	26.5	39.5	26.5	9.7	4.9	16.9	2.4

出处：藤森克彦：《单身中年的生活实态与晚年风险——根据〈与父母同居的两人以上世代〉和〈单身世代〉所做的分析》，载网络期刊《年金研究》第3号，公益财团法人"年金长者计划综合研究机构"，2016年6月。

人手严重不足的问题为何依旧难以解决

对于中年未婚人群来说，在父母离世后，现实情况往往变得更加严峻。前文提到藤森参加的中年退休金计划综合研究机构的调查显示，在保障老年生活而设立的官方养老保险中，仅参保满额为每月6.5万日元的国民养老保险的人，在中年未婚人群中占比就少于六成。

另外，在中年未婚人群中，不到一成的人从未缴纳过国民养老保险。因此，他们在步入老年时很有可能无法领取养老金。不论是在父母去世后重新组织生活，还是安稳地度过暮年生活，对于他们来说都堪比登天。

"不论是长时间的就业空窗期，还是父母过世，都使他们感受到更加强烈的孤立感。这需要我们花费时间，对他们提供包括心理咨询在内的各种帮助。如果对这些无业中年人群置之不理，他们在老年时陷入贫困的风险势必更高。当中会有相当一部分人陷入需要领取社会救助金的极度贫困状态。换言之，如果尽早予以帮助，让其自食其力，他们将缴纳税金与社会保险，成为支撑我们社会发展的一分子。为帮助不工作的中年人所花费的，并不是单纯的成本，而是一种面向未来的投资。我认为树立这样的认知尤为必要。"

藤森强调，目前日本企业在录用中年人时，往往希望他们能够立刻上手工作。因此，如果不采取任何对策，用工单位招聘"消失的劳动者"的可能性微乎其微。尤其是企业不希望在录用"消失的劳动者"后还要在他们身上花费培训费用。

但是，现在已经到了不得不这样做的关键时刻。少子化、老龄化问题愈发严峻，日本已经成为人口负增长社会，人口自 2008 年达到 1.28 亿的峰值后便不断减少。

人口减少即意味着劳动力减少。根据日本国立社会保障人口问题研究所的估测，15 至 65 岁的劳动力人口曾达到 8 000 多万的峰值，之后不断减少，到 2050 年将减少 2 000 万，预计劳动力人口将不到 6 000 万。

这是按照年龄得到的劳动力人口数据，当然也将"消失的劳动者"等长时间无法劳动的人包括在内。为适应劳动力人口本就锐减的社会现状，绝不能对"消失的劳动者"置之不理，甚至可以说这是一个十分紧迫、亟待解决的课题。

如今，日本社会存在严重的人手不足问题，因此绝不能对超过 103 万人的"消失的劳动者"视而不见。为了帮助他们回归劳动市场，需要制定相应的帮扶措施。

"我认为，即使是长时间未就业的人，只要将他们能做的工作一点一点地交给他们，再付出一些时间成本并施以适当的支持，大部分人也能胜任工作。只要有足够的劳动力能委以重任，企业也能提升工作效率，减少长时间加班。在人手不足愈发严重的当下，每个劳动者都是非常珍贵的资源。即便这些中年人长时间无业，只要他们愿意工作，同时社会愿意花费时间予以帮助，就会让他们获得劳动能力。我认为这对企业和社会都有利。"

"消失的劳动者"与社会孤立

节目组还采访过另一位学者，宫本美智子。她是家庭社会学专家、放送大学名誉教授。宫本教授指出，在考察"消失的劳动者"问题时，必须重视"看护风险"。

2000年，日本确立了看护保险制度。然而由于少子化程度急速加剧，看护过程仍在很大程度上依赖家人的帮助。同时，看护老人的中年儿女这一代是接受非正式聘用的第一代人，工作稳定性和收入都没有保障。他们也不能像正式员工一样利用看护假制度，因此，从结果上看，他们往往不得不选择全职看护家人。

为了节约看护费用，不得不自行承担全部看护工作，从而产生了被社会孤立、精神上陷入绝境、更加难以再次就业的风险。宫本教授认为，很容易让人陷入这种困境的一种情况就是父母老年痴呆。

"当父母需要照顾，尤其是需要护理老年痴呆的老人时，就不得不24小时照看家人。在这种情况下，照护父母的子女连外出的机会都很难得到，更别说正常地与人交往了。他们在时间和精神上都没有空闲，当然在经济上也不宽裕，因此很容易精神崩溃。这是因为他们失去了作为社交生活基础的时间、情绪以及金钱。"

在此基础上，宫本教授提出，随着老龄人口长寿化，不得不持续看护父母 10 年，甚至 20 年，这让孩子苦不堪言，并导致他们与父母以外的社会关系长期隔绝，引发了严重后果。

"看护父母的时间并不是仅仅一两个月。在这几年乃至十几年间，自己的时间几乎全部被看护父母占据，不知不觉间与亲朋好友都失去了联系。这时就会想到自己在这些年里几乎没有和别人交流过，陷入了孤立的状态。如果能够早点采取行动，避免陷入这样的状态，估计会想要和别人商量一下吧。然而，最终还是连商量都顾不上，被困在了整天看护家人的日子当中。于是父母和孩子都被社会孤立，处于十分危险的状态。我认为在家看护就会存在这样的风险。"

一旦中年人成为"消失的劳动者"，在父母去世后不找工作，继续闭门不出，就只能坐以待毙，面对步入老年后的严峻未来。

"父母去世后"的孤立

东京都新宿区政府以壮年期（35 至 64 岁）单身人群为对象进行了生活状况调查。这次调查由宫本教授担任顾问，分析问卷结果，探究中年人群"家里蹲"的状态，即"消失的劳动者"窘困的原因。

问卷结果显示，关于"社会孤立"的调查项目中，针对"如果您住院了，有能够让您依靠的人吗？"这一问题，男性收入越低，回答"没有"的比例越高，超过五成。

问卷结果也表明，不工作、低收入使他们失去了与他人接触的机会，加速了被社会孤立的进程。在调查中担任顾问的宫本教授认为，"消失的劳动者"与"社会孤立"紧密相关。

"工作对人来说是非常重要的社会分工，尤其是对男性来说，如果在年富力强的阶段不去工作，会感觉仅因此就被剥夺了堂堂正正为人的资格，也会在与他人接触时产生强烈的自卑感。另外，由于不工作，就不会定期有钱入账，每天都会感到不安。而且有定期入账的钱意味着，即便被剥离一切，这些收入也能证明自己是真正的成年人。因此，在没有工作时会感到不安。这样一来，就很容易感觉自己被社会排斥。"

"消失的劳动者"的存在本身就对社会提出了质问：日本的目标是成为有国际竞争力的世界第一经济大国，还是作为一个成熟的国家，把每个人的幸福生活放在首位呢？如果"消失的劳动者"进一步增多，参加生产活动的人进一步减少，日本恐怕会沦为生产力低下的国家。

因此，原本作为劳动力主力，每一个中年人堪称珍贵的资源。显然应该创建让他们都能各显其能、作为社会的建设者发光发热的理想环境。但是，现实中的日本社会却恰恰相反：由于看护以及非正式聘用等种种壁垒，这些人难以成为社会建设的主力。

宫本教授指出，日本社会应当反思并更正迄今为止的方针，为了建设真正可持续发展的、重视每一位劳动者的社会，必须设立新制度，发布新政策。

"我认为，必须让日本社会认识到，对不能工作的人视而不见、仅凭在大企业工作的人才建设经济大国这一方针路线是错误的。在人口负增长的当下，应该重视每一个个体，以建设所有人都能幸福生活的社会为目标。否则，这个社会终将崩溃。"

让"消失的劳动者"再次投入劳动市场

那么，又该如何让"消失的劳动者"再次参加工作呢？具体来说，需要提供什么样的帮助呢？为了得到一些启发，节目组采访了大阪府丰中市的生活支援科。

丰中市在帮助无业青年，也就是所谓的"啃老族"方面经验丰富，在全日本堪称表率。作为核心的生活支援科的最大特点是，以产业振兴部局为中心，而不像其他自治体一样以福祉部局为中心组建而成。

也就是说，他们不再把"啃老族"的再就业完全交由公共职业介绍所等劳动就业培训中心负责，而是自行与企业交流，开拓能够了解情况并提供工作的职场空间。现如今，生活支援科进一步活用这一经验，积极与企业对接，帮助中年"消失的劳动者"获得实际工作。

接受采访的滨濑宏司先生，向我们展示了由其开拓的企业的文件。文件之多令人叹为观止，摆满了五张桌子。他还将企业概要、具体工作内容、需要的人才特征分门别类整理成了表格。

"这里登记了最近 12 年里，承诺可以雇佣曾经长时间'家里蹲'的人的企业的文件，以及相关注册信息。"

"有多少企业呢？"

"大约 1 000 家。"

在人手不足愈发严重的当下，如果能够与行政手段紧密联动，抓住再就业的帮扶形势，即便是一开始难以全职工作的人，愿意接受他们的企业也逐渐增加。

"一旦有企业联系我们介绍员工，我们部门的职员首先会去拜访企业并了解相关情况，例如企业需要什么样的人才、工作内容是什么、希望什么时候到岗等，并一一记录在案。"

这一对策的目的在于，就业支援不能仅以讲座敷衍了事，而是持续帮助求职者，直到他们到达实际就业的出口。很多劳动就业培训中心仅停留在将求职者聚集起来、做个讲座等这一入口阶段。但是这里更加注重的是"出口帮扶"：在得到企业理解的同时，求职者开始工作后也继续为其提供帮助，直到他们的就业情况稳定下来。

"我们本来就从事地方就业支援事业，为帮助求职者找到出口，不断进行企业开拓。在了解到企业的情况以及工作的内容后，才能为求职者介绍，因此必须进行企业访问。难就业人群是指很难仅凭自己的力量寻找企业并就业的人，因此我认为，由我们来为他们找到出口是很重要的。"

丰中市通过这种对策在年轻人的就业帮扶中做出了成绩，现在也开始着手解决中年的就业问题。行动的契机来自开展单独问卷调查时得到的结果。

在2016年度针对15至39岁人群的"'家里蹲'实际情况调查"中，丰中市还对40至45岁年龄层人群进行了调查，并对调查结果进行了比较。当时，日本政府对"家里蹲"的定义仅涉及39岁以下的年轻群体，然而丰中市为了跟踪在2010年度的问卷调查中出现的35至39岁人群的状态产生了怎样的变化，特地在这次调查中也对40岁以上人群进行了调查。

结果显示，40岁以上的"家里蹲"群体中，从十几岁开始这种状态的人不到一半，30 岁以后开始"家里蹲"以及最近才开始"家里蹲"的人约占 44%，接近 40 岁以上"家里蹲"群体的一半。其中，不仅有从十几岁开始由于不上学一直闭门不出的人，也有在 20 多岁时还像普通人一样工作、到了 30 岁后由于某些契机开始不工作而陷入"家里蹲"状态的人。通过问卷调查，上述事实得以浮出水面。

调查结果显示，只有少数人一开始就没有工作，超过七成的人都有工作经验。他们失业的原因一般是看护父母等，也就是说，他们当中的很多都是"消失的劳动者"。

"曾经进入社会的中年人，或是由于人际关系，或是由于身体疾病，或是由于需要看护家人而离职，就这样闭门不出。我认为此类事例为数不少。"

如此一来，丰中市通过单独调查发现了中年"消失的劳动者"这一问题。因此，丰中市的关注重点不再局限于青年人，也尽快开始了对中年人的就业帮扶。

某位女性"消失的劳动者"的挑战

丰中市不仅致力于开拓企业等用人单位，在就业支持的过程中也十分注重细节，想尽了办法。为了使陷入"消失的劳动者"状态的人重获自信，再次就业，有关部门安排他们到心仪的企业参观，体验职场氛围，借由类似阶段性尝试，为其设置了心理恢复期。

在阶段性尝试中最为重要的就是"企业参观"。通过实地见习，使得中年"家里蹲"在面试以前就能了解到拟申请岗位的工作需求、职场同事是什么样的人等信息。我们了解到，通过事前的参观，可以让长久以来在工作中受挫的人们放下心来，是让他们能够顺利就业的重要一环。因此，节目组请求他们允许我们一同前去采访。采访当天，就业帮扶人员为我们介绍了一位 39 岁的女性。在此之前，她频繁更换就职单位，直到半年前在找工作时遇到困难，并持续陷入没有工作的状态。帮扶人员与这位女性一起到她希望任职的企业参观。经过事先联系，企业方面同意接受采访。

我们前去拜访的是丰中市的一家弹簧生产企业。首先，求职女性、帮扶工作人员以及公司总经理在工厂办公室会面，确认了参观行程等信息。在会面开始时，帮扶工作人员再次向总经理说明了参观的意义。

"因为贵公司需要员工，而且求职者来面试前，想要了解职位的工作内容以及公司周边的环境。因此在求职者参观的同时，若贵公司也对求职者有兴趣，能否提供一个实习的机会，此次贸然到访就是为了和您商量这件事。"

这个公司了解到很多被称作"消失的劳动者"的人找

不到工作，同时为了解决本公司的人手不足问题，表示将积极提供协助。因此，企业方面如果能够充分理解事先参观的必要性，就很有可能为申请者提供工作。

"请一定要到工作现场参观，特别是也请看看员工们的精神风貌吧。有劳各位。"

曾经成为"消失的劳动者"的人，看到招聘信息后前去面试，无法成功展现自己，经历了各种失败和挫折，最终越发不愿意参加工作，这样的例子也不在少数。为了避免类似情况，他们想出了"企业参观"这个办法。在用自己的眼睛确认过具体的工作内容以及职场氛围后，求职者在面试时也能够更有自信。

从办公室出来，这位女性和工作人员在总经理的带领下，认真参观学习了工厂业务的整体流程，以及有可能由自己担任的质检工作。

"工厂的业务流程大致是这样：弹簧成型、电镀，最后在这里检查品质是否存在异常，之后再打包、出库。质检工作是最后的安全要塞，因此每个弹簧都要仔细检查。不过这样一来员工的眼睛会很累。"

帮扶工作人员向那位看上去很紧张的女性搭话：

"眼睛会很累，没关系吗？"

"没关系。"

在参观一个小时后,这位女性逐渐缓解了紧张,脸上也出现了笑容,开始主动向企业方提问。

"请问公司有每天要检查几百个之类的指标规定吗?"

"每个人都存在个体差异,因此我们会尽力向本人建议最适合他的做法和数量。因为这里并不是流水线作业,所以不需要担心赶不上。"

即使在这样的情境下,帮扶工作人员仍然有一些不放心,立刻补充道:"您之前就说过想要认真完成工厂的工作,准时完成任务,对吧?我想,正是因为这位女士想要达成指标,感到了一些不安,所以才提出这样的问题吧。"

总经理对该女性的不安表示理解,再次说明了他们不会设置难以完成的指标。

"大多数人在刚加入公司时都会对自己究竟能够做到什么程度感到不安。因此作为公司经营者,我们在安排工作量时也会考虑到这一点。每个人都有个体差异,当然,对您不是没有效率的要求。不过我们会进行调整,不会设置让人根本无法实现的目标。"

参观结束后,这位女性似乎产生了一些在这个公司工作的想法,也有了些许能够胜任工作的信心。

"看到这里的员工各自认真工作的样子,开始觉得自己是不是也能够试着工作下去。"

看到这位女性的变化,陪伴她的帮扶人员看起来也很满意。

"这样想很好呀,是不是开始觉得自己也可以工作了?"

"是的。"

"是呀,很快就可以开始工作了。首先,觉得自己能做这件事是很重要的。接下来就是实际上尝试去做做看了。"

"是的。"

"今天辛苦了。最开始很紧张吧?一切都还好吧?"

很多人一段时间不工作,或是在找工作时遇到挫折以后,对于再次参加工作会没有自信,因此很难迈出就业的第一步。帮扶人员见证了很多这样的例子。

"在接受帮扶的人当中,很多人即便是在通过面试入职以后,在能否真正稳定下来这方面依然有很多问题,有可能还是无法稳定下来。如果这时候离职,建立的自信就会被再次摧毁。因此,通过参观企业的形式,让其在入职前就了解到企业的基本信息、员工同事以及管理者是什么样的人,无疑至关重要。"

下一步是帮他们"坚持下去"

即使通过参观企业得以顺利就业,最终还是会面对能否长久坚持下去的问题。为了维持良好的就业状态，丰中市采取的措施是"稳定帮扶"。

他们也同意节目组一起到稳定帮扶的现场进行采访。当天，帮扶人员的目的地是本市的老年人护理机构。来到这里是为了确认一个月前开始在这里工作的一位男性是否遇到困难，以及他现在的工作状态。

这名男子性格认真，但是由于长时间没有工作，对自己的能力感到非常不安。因此帮扶人员也会实地观察这名男性的工作状态，以确认是否还需要对其继续帮扶。这名男性目前在该养老机构做兼职工作。通过观察，发现他已经熟练掌握了辅助老年人用餐、移动等工作方法。

帮扶人员在观察这位男性的工作状态后，向一起工作的同事打听他的情况。首先询问的是雇佣这位男性到养老机构工作的女性负责人。

"他从今天开始就要全职工作了，您觉得他怎么样呢？"

"他干劲儿很足，一直非常努力地工作。"

"六小时还没有喊累吗？"

"是的。他今天做了自己擅长的蕨菜糕。接下来要在烹饪的时候打下手，盛饭菜、做腌黄瓜之类的。"

"是吗，也可以帮您做菜了呀。"

"他在工作方面已经完全没有问题了，我对他很放心。

工作都完成得很好。大家都很信任他。"

在了解到同事对这位男性的工作的正面评价后，帮扶人员放下心来。接下来，帮扶人员询问了他本人的心情。

"从今天开始就要全职工作了，今天安排你做了很多事吗？"

"是的，是的。"

"感觉没问题吧？"

"嗯，没问题。"

"今天让你做蕨菜糕了吧。他们突然叫你做这个吗？"

"的确如此。"

"做得好吗？"

"也就那样吧。"

因为被安排的工作都完美完成了，男子说话时的表情充满自信。

"工作流程已经记牢了吗？刚开始时你说自己不擅长记住工作流程，有点记不住之类的。"

"基本上都记住了。在工作中还有其他同事帮我，所以能够顺利按照流程完成工作。"

男子回答说已经记住工作流程，也感谢了同事的帮助，言辞谦虚谨慎，十分有礼貌。并且，他强烈表示自己想要在这里长期工作下去。

"能够有地方工作我就很感激了。因为他们能够雇佣我，所以我一定要认真工作，珍惜这个机会。像我这样有一段空白期也能够继续工作，多亏了丰中市的行政援助。所以我要继续把这份工作长久做下去。"

滨濑先生对我们说，在丰中市，让不工作的人重返职场，不仅本人能够受益，在本地企业以及行政方面也有很大的益处，因此要对他们进行此类帮扶。

"丰中市有很多企业家都苦恼于人手不足。因此，通过把市民介绍到这样的企业工作，对企业也是一种助力。并且，从行政方面来看，被援助者从需要社会援助的人变为支撑社会的劳动力，在这种意义上，社会保障的相关经费最终得到了节约。最重要的是，对于当事人而言，重新开始工作确实是一件开心的事。很多人都高兴地说：'一直都觉得自己没用，现在终于能够为别人做些什么了，回归成为社会的一员。'他们的内心是很想努力工作的，只是不知道怎么办。因此，在这种时候，我认为给予行政支持非常重要。"

从"消失的劳动者"能够再次产生找工作的想法，到找到工作，在职场中稳定下来，这并不是一件容易的事。但是，丰中市的做法证明，只要政府转变行政作风，从细微处着手进行援助，这也绝不是一件不可能完成的事情。

第五章

为了不再成为"消失的劳动者"

与角谷晃男的相遇

和丰中市一样，现在日本各地政府为了帮助"消失的劳动者"摆脱困境，通过与地方福利机构通力合作，对其进行帮扶。本节目组在近两年的时间里持续跟踪采访了其中的一位男性，见证了他重新自立的过程。

角谷晃男，时年 55 岁。也正是他告诉我们，不管曾经多长时间陷入"消失的劳动者"的状态，都可以重新取得回归社会的联结点。

见证角谷先生的变化后，我们终于可以确信，"消失的劳动者"一定可以重新自立。我们想要将角谷的人生制作成特别节目，向社会传递正能量，因此对他进行了跟踪采访。可以说，这是地方各界人士携手创造的小小奇迹。

与角谷的相遇，源自地方报纸上一篇关于垃圾屋的老套报道。2016 年，三重县伊势市的社会福祉协议会成立了预防孤立的支援专门机构——生活支援中心，报道记录了支援中心为处于孤立状态下的人们提供的帮助。而这则新闻报道的主人公之一，就是角谷先生。

报道中写道，过去，角谷在家中闭门不出，没有工作，处于与社会没有联结点的孤立状态。家也变成了垃圾屋，不管是卫生方面还是健康方面都处于危险状态。通过帮扶，角谷先生重新自立，开始积极寻找就业岗位。

根据以往的采访素材中积累的经验，在与社会隔绝的人群当中，很多人长时间处于与他人没有联系的绝对孤立状态，家也荒废成了垃圾屋。因此，在读到这篇报道时，我们立刻就能想象到这位主人公也属于"消失的劳动者"中的一员，而且他的情况可能更为糟糕。

报道称，通过支援中心的帮扶，角谷先生的生活态度逐渐积极起来。这时我们想到，如果能够跟踪采访角谷先生的变化，也许可以让人们看到摆脱"消失的劳动者"状态的希望。因此我们向角谷先生提出了跟踪采访的请求。

垃圾屋与自生自灭

2017 年 2 月，节目组来到了报道中提到的伊势市生活困难人员支援窗口，询问了伊势市生活支援中心的有关情况。

该支援中心是受伊势市委托，由社会福祉协议会负责运营的机构。与名古屋的帮扶中心类似，支援中心由地方政府依据《生活穷困者自立帮扶法》于 2017 年 4 月开设，作为生活困难人员帮扶事业的一环，为当地处于孤立状态的低收入生活困难群体提供帮助。通过地方各个机关互相协作进行帮扶，意在为处于复杂风险状况下的个人提供全方位援助。

生活支援中心开设半年后进行的帮扶项目便有 219 例。其中，对四五十岁的中年人进行帮扶的个案共 49 件，占总数的 1/4。节目组向该中心的社工屿垣智则先生提出请求——为我们介绍报道中提及的男性主人公，他爽快地答应了，还替我们询问了对方是否愿意接受日本放送协会的采访。

随后，屿垣告诉我们，角谷先生同意接受采访。为了帮助我们了解对方的情况，屿垣首先向我们展示了一张照片。该中心决定对角谷进行帮扶时，拍摄了这张他家的照片。如此脏乱不堪的垃圾屋，真是让人大跌眼镜。

照片远超出我们的想象。最先映入眼帘的是庭院。院中杂草丛生，树木参差，无人修剪，枝条恣意生长。随后

高高堆起的垃圾山，将玄关几乎完全遮挡起来

可以看到，从门廊到庭院边缘处堆满了放不下的垃圾。更有甚者，玄关的拉门前，家里堆不下的垃圾竟然积成了一座小山。

仔细观察照片就可以看出，家里也堆满了垃圾。在这座"垃圾山"正中间有一处小小的凹陷，据说这就是角谷先生之前睡觉的地方。原来他之前一直是在垃圾堆里睡觉的啊。

屿垣表示，始终无法忘记当时角谷的样子。

"一脸胡子，长时间没洗的头发都擀毡了，那副打扮好像漫画中的仙人一样。大概是因为不能吃固体食物，这家伙只能靠水和威德 in 清凉果冻[1]等流食勉强度日。我们想，要怎样帮助这个人呢？因为他看起来非常虚弱，我们决定先让他立马住院观察一段时间，担心他会不会得了什么重病。"

角谷一直过着近似于流浪的生活，很久没有洗澡，于是先让他在社会福祉协议会冲个澡，把身体清理干净，再吃上一顿正经的饭菜，随后送去医院检查。角谷先生几乎已经完全失去了人类的生活状态，处于生命垂危的危险边缘。

像这样长时间处于"消失的劳动者"状态的群体中，住所变成垃圾屋的例子也不在少数。没有了活着的意愿，缺乏收入，生活自然就会一团糟。

并不在乎自己的生活状态——无论是饮食、打扮，抑或卫生——即使生活环境和健康状态都开始急剧恶化，也不会向别人求助。类似这样生活意愿全无的状态，就可以被称作"自我虐待"，即所谓"自生自灭"。

本来，"虐待"一词在日本常被用于描述疏于照料儿童的行为。现在，人们用"自我虐待"来形容成年"家里

---

1 威德 in 清凉果冻（ウイダー in ゼリー），日本森永公司出品的一款流体饮料，能迅速补给能量、营养物质与水分，一般被当作防灾食物，同样适用于存在吞咽难或食欲缺乏问题的人群。

蹲"因为失去生活的意愿，放弃创设适宜生活的环境，让自己处于"自生自灭"的危险状态的情况。

有很多人就像这样，虽然没有积极寻死，但也不为自己准备食物以及卫生的生活环境。也就是说，这样的人正在无意识中朝着"自杀"的方向迈进。

闭门不出 + 垃圾屋 = 严重的孤独

长时间闭门不出、被社会孤立的群体如果继续混吃等死，把家里变成垃圾屋，就会进一步与周围的人拉开距离，变得更加孤独。角谷先生可谓个中典型。

由于被邻居们看作"那个给我们造成麻烦的家伙"，别说是向左邻右舍发出求救信号，角谷甚至会尽量避免与外人碰面，从而逐渐与社会脱节，孤立的处境每况愈下。

那么，从一开始，"垃圾屋"又是怎么被制造出来的呢？说起垃圾屋，人们大多抱有"危险""肮脏"等负面印象。在很多事例中，垃圾屋的确让邻居感到不满，甚至不惜向地方政府投诉，将其作为另类加以敌视。

但是，通过采访可以发现，至少垃圾屋的主人并不是因为喜欢才把家里变成这个样子的。也正因如此，问题才难以解决。如前所述，产生垃圾屋的原因在于"自我虐待"。也就是说，陷入"自生自灭"状态的个体，不再打理家事，荒废了家务，一段时间之后房子自然就会被垃圾塞满。

并且，如果就这样置之不理，那么像角谷这样的"家里蹲"最后的结局很可能就是"孤独死"。也就是说，垃圾屋和"孤独死"有很密切的关系。东邦大学看护学部的岸惠美子教授进行了一项调查，结果显示"孤独死"的人中有七成显现出"自我虐待"的特点。在岌岌可危的状态下接受帮扶的角谷先生，可以说捡回了一条命。

从非正式体力劳动者到"消失的劳动者"

曾濒临"孤独死"的角谷，又是如何重新燃起"工作热情"的呢？为了解这个过程的一手情报，我们来到了角谷的住处，也就是那座曾经的垃圾屋。角谷在这个从父母处继承来的房产中独自生活。他的住处位于伊势市二见町，闲适的街道上整齐地排布着独栋住宅。

街区面朝伊势湾，沿着海岸线排布开来。这里有作为"求爱圣地"而名声在外的夫妇岩。虽然是旅游胜地，但也有着小地方特有的安逸氛围。

到达目的地的独栋房屋后，院子里有一个男人正坐在椅子上。这位就是角谷先生。为了能马上看到我们，他特意在院子里等待。我们向角谷说明了拍摄的目的在于讲述

"消失的劳动者"所遭遇的真实情况，对方虽然不无扫兴，但依旧爽朗地答道："当然可以，什么都可以问。"

角谷生于三重县，曾经是个擅长运动的活泼少年。高中时期，他还参加过摔跤部。颇具先天优势的角谷先生进入摔跤部后立即显露头角，高中二年级时斩获东海地区第二名的佳绩，一度被认为未来一定会成为大放光彩的运动新星。

当时的奖状还保留在这座房子里。通过运动员推荐渠道，角谷进入关东地区某大学，就读期间继续练习摔跤。但是，大学的摔跤部中高手如云，训练十分严格，仅仅是拼命追赶就让角谷感到筋疲力尽。结果，在比赛中表现平平的角谷，只能作为普通毕业生求职就业。

毕业后的角谷回到家乡，就职于一家饮品销售公司，作为正式员工努力工作。这是一家管理自动贩卖机的企业，角谷就任于销售职位。在当年的公司照片上，还能看到年轻的角谷和女性同事们有些害羞的样子。他给人的印象就是随处可见的上班族。角谷先生说，在那时，工作绝对不算无聊，即使有些烦恼，也算是过着充实的生活。

"当时的工作很有趣。销售是和人打交道的工作，虽然也有不顺心的烦恼，但现在看来真算是很有趣的经历。"

然而，刚过而立之年的角谷，由于一直在销售一线打拼，因过劳和压力患上了十二指肠溃疡，不得不辞职。并且，从这次失业起，他的人生开始朝着不可控的方向加速坠落。

失业以后，由于还是单身，角谷选择和父母一起生活。然而，在角谷35岁左右时，父亲患上了咽喉癌，卧床不起。他不得不担负起照顾父亲的重任。此时角谷的母亲也健在，所以刚刚失业的角谷一边寻找工作机会，一边帮忙照顾父亲。之后，虽然也曾在建筑公司或食品工厂找到过工作，但他总是做不长久，一直频繁更换，很不稳定。

"人一到30岁就是个坎，就算想要找工作稳定的单位也基本找不到。工作两三年后就觉得'果然不行'，年龄却继续增长。如此往复，找工作越来越难，现在看来，当时已经陷入了这种恶性循环。"

角谷38岁时，父亲去世。3年后，在他41岁时，一起居住的母亲也因心肌梗死离世。与面对罹患癌症的父亲去世时已经做好了心理准备不同，母亲的突然离世让角谷猝不及防，深受打击。

直到去世前，角谷的母亲都在为儿子张罗一日三餐，因此对于角谷来说，只有在吃饭这件事上从来不愁。每逢头疼脑热，母亲也会熬药煮粥，劝说他去医院。对于辗转于不同非正式工作、生活难以稳定的角谷来说，母亲就是心灵的基石。

唯一的家人突然离世，孑然一身的角谷逐渐自暴自弃，本来可以阻止他这样做的家人都已经不在。由于饮食混乱，他的肠胃疾病反复发作，身体越来越差。角谷告诉我们，那时他仍然勉强做着短期派遣工作或日工维持生计。

但是，在母亲离世三年后，角谷再也受不了在非正式工作中辗转的生活，同时由于年龄增长难以继续负担体力劳动，最终放弃寻找下一份工作。没有工作，也不找工作，即陷入了"消失的劳动者"状态。

"年龄不断增长，身体不断变坏，渐渐地就放弃了。工作热情被消磨干净，生活节奏也完全乱了套。不知道何时起，自己已经心灰意冷了。觉得就这样吧，完全放弃了。不知道确切是什么时候，就已经完全不干活了。"

失去生活的热情

不再工作后，角谷没了收入，等到手头的积蓄耗尽，就只能深夜徘徊在街头，在便利店的垃圾箱中寻找过期食品等，不知不觉间，翻垃圾成了他每天的固定行程。

角谷从各个垃圾场中翻出"好像还可以用的东西"和

"也许可以卖出去的东西"便捡回家，逐渐成为垃圾爱好者，家中也堆满了垃圾。还可以读一读的报纸杂志、好像还能用的雨伞等，他什么都捡。就这样不断收集垃圾十多年后，捡来的垃圾堆满了房子，角谷先生也变成了垃圾屋的主人。

即使陷入了这种状态，他也无法鼓起改变的勇气。角谷说，当时的自己已经逐渐停止思考了。在家里只听收音机，门外面则是"那边的世界"，完全不想和外面产生关系。

"也不觉得寂寞，因为有收音机嘛。在那时，即使问我是不是想死，大概也回答不上来。"

当时，角谷的孤立已经严重到了只把家当成自己存在的社会，认为即便不和外面的社会产生联系也可以的程度。

"如果要说的话，就好比在平衡木上行走的感觉。倒向右边就是死亡，倒向左边是回归社会，就是这样的一根平衡木。对于当时的我来说，即使倒向右边，死掉也觉得无所谓。在那个时候，大概也已经停止思考了。"

如果长时间不工作，每天过着翻垃圾的生活，那么一定会被想要回归原来生活的焦虑、恐惧之类的感觉折磨吧——大多数人会这么认为，但实际上并不是这样。对于像角谷这样身陷困境的人来说，连向前进的力气都被剥夺了，情感和思考都陷入停滞，可以说是进入了一种"冬眠"状态。

进入这种状态的人由于无法察觉自己的危险情境，因而也不可能向外界求救。角谷就曾陷入过这样的状态。

"事到如今死就死了吧，谁都会有这么一天。因为我也不知道如何回归到正常社会中去，也看不到什么未来。虽然听上去很奇怪，但已经接受死亡了，觉得就这样死去也无妨。"

如果自己都没有发出求救信号，周围的人自然无法意识到问题的严重性，难以判断是否需要提供帮助。也正因如此，这种状态很有可能导致"孤独死"。在演变为最坏的情况以前，应该如何发现陷入危险状态的"消失的劳动者"，伸出援助之手？对于帮扶机构来说，这是一个很严峻的问题。

离开垃圾屋

角谷成为垃圾屋的居民，在与社会隔绝的世界里生活。那么，对他进行帮扶的契机是什么呢？那是一件深夜里发生的事情导致的偶然"发现"。

2017 年 5 月份，凌晨两点刚过，角谷照旧在空荡荡的住宅街区闲逛。因为实在是太饿了，他才到街上寻找食物。然而这次，他不仅找不到吃的，连怎么回家也不记得了，就这么徘徊在大街上。

偶然在这条街区巡逻的当地警察，注意到了行径可疑的角谷了。警察跟他搭话，"这个时间你在这里做什么？"然而角谷无法回答。他突然崩溃，倒在地上。这个时候的角谷干瘦憔悴，脸色苍白，濒临死亡。

这也就成了对他进行帮扶的契机。接到联络的生活支援中心很快做好了准备，发动本地居民，对角谷先生进行支援。并且，民生委员渡嘉敷倍枝就住在距离角谷先生家步行路程一分钟不到的地方，她和当地居民已经打好招呼，将有空闲时间的老年居民召集了起来。

首先，民生委员渡嘉敷女士和支援中心的工作人员决定先去角谷先生家拜访，看看情况。但是，不管在门口怎么搭话，角谷先生就是闭门不出。

第二天，支援中心的成员再次去角谷家中拜访。这次，在门口搭话后，角谷从家里走了出来。他几天没有吃饭，身体更加虚弱，而且因为一直没有洗澡，全身黢黑，胡子拉碴，形容可怖。

走近一看，角谷的样子非常虚弱，连站着都很勉强。于是工作人员决定带他去吃饭洗澡，同时和他说好，等恢复体力后必须把家里收拾成稍微能住人的样子。

在这之后，被发动起来的本地居民，一起收拾垃圾屋。当天，以支援中心的几名工作人员为核心，集结了渡嘉敷请来的本地居民20余人，大家一起动手。

赢回的"联结"

除了角谷，渡嘉敷女士也经常关心当地遇到困难的人，到家里嘘寒问暖。她好比当地所有人的母亲。渡嘉敷告诉我们，第一次见到角谷先生时，那副非常孤独的样子，让她无论如何也放心不下。

"第一次来这里时，角谷先生还站不起来，是爬着出来的。之后虽然可以走了，也只能弯着腰，根本没有办法抬起头来。"

角谷最开始不愿意和任何人对视；总是低着头。但是，房子被整理干净以后，他的腰板直了不少，话也变多了。

"在他家门前，我俯下身来，倾听他的心声，其中很多经历让人难过。我一直用心听着，感觉他真的孤独。与其说是觉得他可怜，不如说是很为他难过。在这样如同动物巢穴一般的地方睡觉，身体衰弱不堪。对于一个人来说，这真的很可怜。"

一般来说，不少本地居民或害怕住在垃圾屋的人，或对其无比警惕。在角谷的事上，也不是没有这样的声音。但是渡嘉敷大力劝说当地居民，告诉他们只要跟角谷先生聊聊就知道他不是坏人，呼吁社区居民为他提供帮助。

　　"我认为沟通是很重要的。我也拜托角谷先生的邻居向他搭话。这里是乡下，大家都很友善。我认为有人常常和他搭话这件事也许是最重要的。"

　　当地居民开始每天轮流拜访角谷。不仅是每天都来拜访的渡嘉敷，经她奔走劝说，住在附近的老人或路过时和他打招呼，或驻足停留，和他聊聊天。逐渐，角谷可以和别人进行正常的对话了。

　　"住在附近的老人开始和我打招呼，对我说'早上好'。当我向他们报告说'现在在做这个'时，他们会这样回答'那很好呀，你真的很努力呢'。就是靠着这些邻居，我重新有了精神，感觉到了他们给予的支持。"

　　这个时候的角谷已经可以做些简单的饭菜，开始在家吃饭了。对于曾经只喝水度日的他来说，这是一个巨大的进步。虽然只是烤面包或煮方便面这种简单的食物，但也算逐渐回归了正常人的生活。

　　也许对于曾经和社会隔绝的"消失的劳动者"而言，比行政支援更加重要的是，在与很多人产生联系的过程中找回自己的生活。不管行政工作人员如何热情地前去拜访，在他生活的方方面面都提供帮助也是不可能的。当地居民是最接近他生活的人，要让他们的帮助和支持来补全行政的不足之处。通过当地居民的帮助，"消失的劳动者"可以从孤立中走出来。

在角谷的案例中，渡嘉敷通过请求左邻右舍对角谷先生提供帮助，加深了角谷与当地居民的联系。

想要回报当地

2017年11月，角谷终于打算迈出重要的一步。通过生活支援中心工作人员的持续帮助和当地居民的支持，他对生活再次充满希望，终于开始进行重新工作的准备活动。

现在，日本公共职业介绍所为想要再次就业的人提供了较多考证讲座、计算机讲座等免费培训服务。角谷选择的是与取得看护资格有关的讲座。"听说在福利看护这方面存在人手不足的问题，如此说来，像我这样的人应该也能找到工作机会吧。"角谷是这样想的。

角谷曾经长时间失去与社会的联结点，对于突然参加工作这件事实在没有什么信心。但是如果能取得证书，也算是迈出了重新开始工作的第一步。能有这样的想法，也是参加了讲座的缘故。

他申请参加的是"看护员入门培训"讲座，经过三个月左右的理论与实践学习就能得到资格证书。这个讲座的好处是，可以通过国家就业帮扶程序免费申请。只要能取得证书，就能获得在看护机构就职的资质。

"听说看护机构在招人时，我就动了心。和公共职业介绍所的工作人员聊过之后，他们向我介绍了可以成为看护职员的培训讲座。如果能够参加这个培训，对就业会很有利。至今我已经干待了十年，虽然可能有些得寸进尺，但真的很想参加这个培训讲座。"

"请好好准备这三个月的学习吧。"听到这话，角谷带着笑容回答说："生活会变得很有干劲吧。我很期待。"角谷先生现在变得非常开朗。

听说角谷很快就要去参加学习了，渡嘉敷为了鼓励他，再次去他家中拜访。

"要开始学习了吗？"

"是呀，希望能突破到自己还不了解的世界里去。"

"从明天开始加油吧。"

"我很紧张，也很期待呀。"

"肯定没问题的。"

"是吗，是呀。反思迄今为止发生的事情，我也觉得应该是没问题的。尤其是我现在也能这样流畅地和人交流了。"

"不要中途放弃呀。"

"好的。我想要把这个当成对关心我的人们的报答……现在，已经把之前十年积攒的话都说完了吧。"

作为必要存在的自己

参加学习第一天，角谷早上五点起床，用咖啡和面包充当早餐对付了一口，之后去公园散步。不知道是因为紧张，还是兴致高昂，那天早上他的话比往常更多。

"难得有这样能拿到资格证书的机会，所以更想要顺利地拿到这个证书。自成功考上高中以来，就再也没有经历过这种既紧张又兴奋的心情。感觉生活要改变了！我有信心不会变回原来的样子，也有了支持我、能商量事情的大家伙儿。对于自己不会重蹈覆辙这一点，还是很有自信的。"

培训讲座有 15 人申请，除去缺席的两个人，一共有 13 人参加，大致男女各半。基本都是 20 至 30 岁左右的人，角谷属于其中年纪比较大的。在同学初次见面这一天，大家纷纷自我介绍，说明了自己参加学习培训的动机。轮到角谷时，他在大家面前这样介绍自己。

"我叫角谷晃男。此前接受了周围很多老年朋友的帮助，想要报答他们，因此来这里学习。希望自己能取得资格证书，照顾在机构里的老年人。"

半年前还不能与别人对话的角谷先生，已经可以在众人面前侃侃而谈了。如果听到角谷说因为想要回报当地的街坊，于是选择了看护工作，曾经关照过他的老年朋友们该多么高兴呀。

角谷每天都去学习，几乎没怎么休息过。通过听讲座学习看护和相关法律知识，到看护机构学习看护技能，进行实际演练，他的学习进行得十分顺利。

最后的学习，就是在机构中由看护职员确认实际工作的表现。角谷通过职场参观畅想自己工作时的样子，似乎又取得了一些自信。

之后，在次年二月中旬，角谷先生通过了结业考试，顺利取得"看护员入门培训"的资格证书。角谷终于向参加工作的阶段迈进了一步。他也对我们讲了很多心里话。

"虽然还处在这样的状态中，但是我这样的人，如果能有人信任我，给我机会，我还是很想工作的。事到如今也不会说想要开好车之类的话，比起这个，我想让曾经过着一无是处生活的男人变得对别人有用、对社会有用就好了。"

只要有一个人为我们的存在赋予意义，我们就在这个社会中拥有了自己的一席之地，这便是角谷渐渐认识到的道理。他嘴里反复嘟囔着"真高兴呀"的样子就证明了这一点。

"不能止步于此。说到我的最终目标，果然还是要拿到看护员的国家资格证书吧。就是不知道我的积极性能不能继续喷涌而出呢。"

完成恢复，勇敢地向实际的工作现场迈出第一步也被证明是可行的。让我们如此有感而发的，正是目光有力、步伐坚定地向前进的角谷先生。

能够再次"工作"吗？

三月初，角谷马上要去当地看护机构接受面试。此前他已经和机构管理人进行过一轮面试，并且顺利通过。而在这一天，他要进行第二轮的员工面试。

当天早上到达角谷家里时，出现在我们面前的角谷穿着求职用的西装。藏青色的领带则是民生委员渡嘉敷女士送给他的礼物，据说还是她丈夫年轻时使用的珍贵纪念品。

我们对角谷说："很适合您呀。"他的表情亦如从前："是吗？我还是有点紧张呢。"脸上浮现出有点害羞的笑容。

"虽然不知道面试时会问些什么，只觉得应该把自己的想法完全传达给对方。如果能得到好结果，那么就迈出了新的一步；如果没有得到想要的结果，我也明白在这个世界上并不是事事都能顺心的。大家的努力，让我顺利达到了现在这个阶段，我也不知道接下来是会在哪里停下，还是继续前进下去。"

角谷向我们表达了自己的期待与不安，他终于要打开通往社会的大门了。在前往面试地点之前，角谷先生去拜访了渡嘉敷。后者带着笑容来到了玄关门口。

"去面试之前，先来拜访您。"

"好呀，你真的很努力，很棒呀。"

"虽然不容易，但也终于到了这个时候了。"

"是呀，西装很合身，很不错呀。"

听到渡嘉敷称赞他的西装，角谷的脸上露出了笑容。

"这套西装，裤子穿起来比以前好像紧了些。"

因为渡嘉敷和附近的邻居经常带着水果点心、饭菜等去拜访角谷，他已经完全恢复了健康的体型。

"是呀，毕竟体重涨了六公斤，没办法呀。今天穿衣服的时候，还以为裤子已经穿上皮带了呢，哈哈。"

"哈哈哈，还很幽默呢。没有变得太胖吧，没关系吧?"

"没关系的。"

和渡嘉敷聊过之后，角谷的紧张得到了缓解，变得更加胸有成竹。

"说真的，我还担心你会不会在培训学习时偷懒，常常去看看情况。不过你每天都去认真学习，还跟我说培训学习很开心。已经到现在这个时候了，接下来只剩下面试过关了。真的很厉害，已经改变这么多了，是吧？"

"其实，能够鼓起勇气到现在这个地步，我自己也很惊讶。"

重新回归人类的生活，重新回归自己的生活，之后又重新获得了自信，重新大步前进。看到这样的角谷先生，渡嘉敷女士自己也受到了很大的触动。

"比起提供帮助，我更满足于见证这一切的感觉。如果放着角谷先生不管，他大概又会回到家里窝起来吧。每次我去的时候角谷先生都很有精神，笑得很开心，我觉得这样真的太好了。虽说不是有意想要帮助谁，只是总会很担心他，对他的事情很在意，总是想着怎样让他得救。"

与渡嘉敷告别，角谷终于要前去面试了。他表情凝重，到达了面试地点。

"现在我就像是砧板上的鱼，虽然不知道他们要问我什么，但我都会认真回答，为自己的将来争取机会。"

我们在外面等了 30 分钟左右，他终于出来了。

"怎么样？"

我们马上向角谷询问，他像是早就料到了一样说道：

"大概六成的可能吧。"

角谷告诉我们，在面试中他充分讲述了自己的情况，并且对方应该是对自己感兴趣。员工的反应也不坏。

"我对他们这样说，去年五月份，我得到了当地人的帮助，多亏了他们的帮助我才能参加培训，学习与看护相关的知识，想要进入看护老人的领域工作。这就是我的求职动机。正因为受到了很多帮助，因此想要通过参加看护工作帮助别人。"

结果将在下周以书面形式通知。

"如果能有好结果就好啦。"

这样对角谷说了之后，他对我们说："不管结果是好是坏，都要继续前进。"他的声音里充满了力量。即使结果不尽如人意，也要重整旗鼓，在他的声音中能感受到这样的力量。

面试一周后，角谷用很兴奋的声音给我们打来了电话。

"面试通过了！上面说下周就可以到机构工作了！只要三个月的试用期通过，就能够成为正式员工了！"

"恭喜您！真的太好了！请您一定要加油！"

接到他的电话后，我们真心为他感到开心。虽然角谷曾长时间陷入"消失的劳动者"状态，但经过当地居民半年左右的帮助之后，终于回归了劳动市场。

我们以为这就达到了最后的目标，为完成最后的拍摄——即角谷工作时的样子，我们去了他的工作单位。我们以为这就是故事的结局。没想到的是，在这之后情况却急转直下。当时的我们完全没有想到，接下来还会与角谷继续交流。

发现了残酷的现实

自从角谷开始工作已经过了一周左右。三月下旬，渡嘉敷女士突然联系了我们。声音显得有些慌张。

"角谷先生工作时突然感觉喘不上气，好像已经请假了。"

我们感到很震惊，决定第二天就去拜访角谷。他下班回家时，下起了瓢泼大雨。

即便是这样，我们也想听听他的想法，便在车站附近的便利店等他。但是他并没有回家。我们担心是不是上班时发生了什么，又去了渡嘉敷女士家里，但是角谷也没有来过这里。

第二天，星期二。我们再次去角谷家拜访，渡嘉敷女士和我们一样担心，也来到这边看看情况。

"角谷先生！"

从庭院靠走廊的一侧呼唤角谷先生的名字，从房子中传来"我在！"的声音，不一会儿，角谷先生就出现在玄关处。

"没事吧？"

渡嘉敷一边仔细看着角谷的表情，一边提问，角谷则是难掩愁容。

"昨天是冒着雨回来的。虽然只是像往常一样下班回家，但是在家里感觉特别难受。"

角谷先生告诉我们，昨天他淋着大雨回家后，突然感觉身体不适。

事实上，昨天我们也在大雨中，几次来到他的门前询问，但是完全没有得到回应，最后不得不回去了。我们向他询问了在意的问题。

"昨天，也就是星期一那天，发了什么事情吗？"

"因为身体特别不舒服嘛。在上台阶的时候，感觉呼哧呼哧地喘不上气，就去了医院检查。"

角谷说，他在医院拍了片子，检查结果后天出来。去医院拿结果的那天，我们和他一同前往。在伊势市市民医院的检查室，医生向角谷展示了他的胸片，具体说明了病情。医生告知他的事实，实在是太过残酷了。

"右肺下部有阴影，说明在这个地方有积液，并引发了炎症。并且，您的心脏过大，这些都是心力衰竭的征兆。"

医生告诉角谷先生，现在必须马上进行详细检查，开始治疗。

"因为积液会对心脏造成很大负担，所以要先排除积液。因为心脏的负担会越来越大，所以要用利尿剂。并且去看一下心血管内科的医生会比较好。"

角谷一副不愿意接受现实的样子。

"工作那边……真是的。"

离开医院后，他的表情很凝重。

"哎……但是，只能之后再努力了。已经那么努力地学习了，再继续努力也没关系。虽然不知道自己能不能回归社会，但既然已经拿到资格证了，之后也能够再回去工作的吧。嗯，虽然也不知道能不能回去，不过只能努力试试看了。"

明明已经开始工作了，为什么？角谷看起来还没有完全接受这样的现实。

"为什么偏偏是现在这个时机呀。我的斗志一下子被浇灭了。明明刚刚找到工作，接下来就能回归社会了，怎么会这样……"

渡嘉敷一边点头，一边附和说：

"是呀，明明已经逐渐找到节奏了。"

"看护工作中需要站着的时候很多，会对身体造成负担，所以不能再做了。如果我一直这样在时刻都有可能倒下的状况下继续工作，那么就会给别人带来负担。我觉得还是由一个更健康的人做这份工作会更好。"

角谷说，工作结束后回家的时候，突然身体动不了，呼吸不畅。在和我们聊天时，压抑不住的情绪奔涌而出。

"不知道为什么，眼泪不住地往下掉，哗哗地停不下来。已经到了这里，却不得不前功尽弃，为什么是在这个时候发生这种事啊？"

一周后，角谷在伊势红十字医院接受了详细检查。他被确诊为重度心肌梗死，必须马上住院治疗。主治医生说，他的心脏中最粗的血管堵塞了，心肌一半已经坏死。

医生认为，血管堵塞是在一个多月以前，大概在做看护工作时需要很多身体活动，从而导致了症状显现。出院后，需要马上进行血管成形术，今后也很难再进行长时间的体力劳动。

角谷工作的看护机构，最初说是让他先"看看情况"。然而，在得知病名之后，言语中暗含"可能没有办法继续工作"的意思，暗示他辞职。结果，角谷费力找到的工作，只做了一个月左右就辞去了。

回归劳动市场

四月下旬，渡嘉敷女士与当地的老年人一起成立了鼓励会，希望能让丢了工作的角谷先生恢复精神。在公民馆里的广场上，角谷、渡嘉敷以及三位老年人正在一起喝茶聊天。

他们带来了自己做的饭菜和当地有名的馅饼。角谷在大家的劝说下，嚼着馅饼，展现了久违的笑脸。

现在的角谷，听到别人说"已经不是一个人了呀"时，会回答说"是呀，已经不需要自己独自烦恼了"。我们能看到他在与当地的联系中生活的样子。

"晃男，要坚持住呀。"一位住在附近的老年男性对他说。这位男性也身患疾病，但是他说，看到角谷先生努力的样子，自己也恢复了精神。很多参加角谷先生鼓励会的人都说，自己也受到了鼓舞。这样的紧密关系，也许连心脏的疼痛也能一起分担吧。

在如此温暖的人情氛围下，角谷度过了一段平静的时光。他想再次对这些人表示感谢。同时，当地的人们也下定决心要继续帮助这样的角谷。

"最近我的脑子里一直响着 *Jupiter*[1] 这首歌。'感觉自己并非孑然一身'这句歌词让我很受触动。虽然过去不是这样的，但是如今有了很多支持我的人。能为我提供很多意见和建议，让我感到自己不再是孤身一人了。换作以前，也许我就想要直接放弃了。但是现在的我不会再这样想了。至少现在还完全没有放弃的想法。"

长椅上，恢复了精神的角谷先生正在和大家谈笑

他一边大幅度地点头，一边像是在开导自己一样坚定地说。听到他说的话，渡嘉敷等人也展露出高兴的笑容。角谷的努力给周围的人们也带来能量，形成了良性循环。

一个月后，来到初夏五月。角谷接受了心脏搭桥手

---

1 *Jupiter*，日本女歌手平原绫香演唱的歌曲，是其出道主打曲，于 2003 年 12 月 17 日发行，平原绫香凭借该曲获得第 37 届日本有线大奖"新人奖"。

术，过程非常顺利。但是，术后，他的心脏必须装上起搏器。

一般来说，如果装了心脏起搏器，再进行运动以及体力劳动就会变得很困难。但是，角谷不想放弃，希望能继续看护工作，于是继续找工作。手术后四个月，也就是同年九月，他在当地的另一家看护机构找到了工作。

养老机构表示同意接纳装有心脏起搏器的角谷入职，每周工作三天，做能力范围内的工作，不用勉强。

当地支持他的人们对这个结果很高兴。之后，从开始工作过了将近一年的时间，角谷还在继续坚持。坚持工作一两个月后，他进一步获得了自信，如今只要身体情况允许，他都想要继续工作下去。

"接下来，希望能这样生活下去，不再麻烦别人。只要能维持这样的生活就可以。买什么样的车子，或是去哪旅行，没有这样的想法。我想通过学习了解各种各样的事情，但是不会想要这要那。只要能够普通地生活到最后就好了。"

"消失的劳动者"告诉我们这样的道理："工作"是使人能够像人一样生活的根本。由于看护家人或求职受挫成为"消失的劳动者"，远离"劳动"，从劳动市场中消失，就相当于失去了人在社会上立身的根本。

人在被别人需要的时候才能活下去，这也是"消失的劳动者"告诉我们的道理。"消失的劳动者"是指四五十岁本应处于劳动力市场主力位置的人，现有超过 103 万人。即便是再让其中的一个人重新回归劳动力市场，也一定能为社会重新注入活力。

而这同时也能帮助他们赢回自己的人生，活出自己的未来。

后　记

　　本书初稿完成于 2019 年 12 月，时逢日本政府相继出台应对中年"家里蹲"现象的对策方案之际。对策之一，便是针对泡沫经济破裂后直面就业难的就业冰河期一代，也就是很多中年"家里蹲"进行支援，计划在此后的三年间投资 600 亿日元，增加非正式员工 30 万人。

　　当然，对于总数 100 万以上的"消失的劳动者"来说，30 万不足其 1/3。但是这 30 万人要么就这样不事劳作便步入老年，领取生活保障金；要么成为能够正常纳税的劳动者，在年迈后也能自立生活。两者对于社会支出而言可谓云泥之别。这可以说是一项划时代的政策。

　　另外，由于"家里蹲"群体的家庭内部情况千差万别，其原因与解决办法以及应当采取的支援方式都各有不同；并且当事人即便想要向地方政府寻求帮助，也不知道应该去哪个窗口，结果就是导致很多人未能接受政府支援。因此，打破政府业务的纵向分类、实现办事窗口一体化的政策应运而生。

通过这一举措，地方政府可以通过一个咨询窗口提供多种帮扶。对于去咨询问题的人来说，咨询方式也变得简单易懂。可以说，这也是一项划时代的改革。

如果国家能够为进行此类体制改革的地方政府提供财政帮扶，使地方政府得以履行本地服务的核心功能，那就可以将地方本就拥有的福利功能与服务功能结合，为这样家庭的父母与子女分别提供接受帮扶的机会。如此一来，就能够赶在"消失的劳动者"问题更加严重以前研究出相应的对策，或许就可以在一定程度上解决这个问题。另外，各地方政府为解决刚刚有所显露的"8050 问题"，迅速采取了相应的行动。只要社会能够正视这个问题，那么未来就有解决的希望。

本书中的受访者各自通过地方帮扶窗口或生活穷困者帮扶机构工作人员的帮助，迈出了走向自立的一步。他们用亲身经历告诉我们，只要能够提供适当的帮扶，就算已经成为"消失的劳动者"，也能够重新自立，进入劳动市场。

上述采访对象中，很多都由于照顾亲人或求职遇到困难，对自己"什么时候变成'消失的劳动者'不无隐忧"，认为这只是自己一个人需要面对的问题。但还是希望他们能够明白可以向政府寻求帮助，或者意识到自己身边还有远亲近邻的存在。

为此，希望大家不要对家人或工作，以及周围的环境太过悲观。正确面对这一切，才是接受帮助的第一步。可以相信，不管何时何地，一定会遇到慨然伸出援手的热心人，也一定存在能够提供支持的机构。

看到将 103 万"消失的劳动者"作为日本社会难以忽视的巨大问题加以披露的特别节目后，日本放送协会出版社的山北先生立刻主动联系我们，希望把节目内容编辑成书。在此过程中受到了山北先生很多关照。

电视节目中未能播出的采访内容，通过本书中得以补充。山北先生不仅为读者提供了解上述内容的机会，节目播出后，即使文稿创作一度陷入停滞，导致书籍出版一拖再拖，山北先生依旧为了让本书以更好的面貌付梓而不吝赐教。对于这一切，再次由衷致谢。

即便是我们自己，亦不能断言不会在某一天成为"消失的劳动者"，被劳动市场抛弃，甚至长此以往，被社会孤立乃至彻底抛弃。这样的未来可能发生在任何人身上，因为这就是"现代日本"。

正因如此，希望政府和社会今后也能继续直面这个问题，并为其解决付出努力。对此，我们也会持续关注下去。

◎ **执笔者简历**

板垣淑子

生于 1970 年，毕业于东北大学法学部。1994 年进入日本放送协会工作。先后任职于报道局制作中心、仙台放送局、报道局社会番组局、大型企划开发中心等部门，现隶属名古屋放送局报道部报道组。主创节目有：日本放送协会特别节目《低收入群体——怎样工作都无法脱贫》（获 2006 年银河奖一等奖）、《无缘社会——三万二千人的"无缘死"之冲击》（获 2010 年菊池宽奖）、《临终何处去——老人漂泊社会》（获 2014 年美国国际电影短片节金摄影机奖）等。2015 年获放送文化基金奖个人奖。

木下义浩

生于 1982 年，毕业于早稻田大学政治经济学部。2006 年进入日本放送协会工作。先后任职于大阪放送局、报道局社会部、"早上好日本"等部门，现隶属名古屋放送局报道部报道组。主创节目有：关西热视线《"看不见的流浪者"——单人录像厅放火案件之外》、日本放送协会特别节目《巨大海啸——怎样保护生命》、《巨大地震（第一集）》、《"新高收入群体"vs 国家——财富攻防战》、Close-up 现代 +《追踪"冒名顶替"社会——职业伪装者的内幕》等。

译后记

2014年11月3日，接到姐姐电话，被告知母亲病危，已从老家前往北京治疗。我购买了当天的机票，从东京直飞北京。深夜的北京灯火璀璨，亮光向天际无限地铺陈着，此时，飞机华丽转弯，右侧翼尖刺破笼罩在这座城市上空的那层薄雾，开始降落。瘫坐在椅子上的我，此时还不知道，等待着我的，是长达近一年的陪护生活。

手术十分顺利，很快母亲就能下地行走，但术后的化疗陪护，却让37岁的我筋疲力尽。每天早上4点多起来步行到协和医院门诊排队（医院要求十分严格，除了不能使用升白针，更要每天抽血化验，达标才能安排下一次化疗。而我母亲又有糖尿病，只能靠凌晨排队让她尽早空腹抽血）。之后便是各种排队、缴费、等待、取结果，排队、等待、买菜、做饭……待回过神来，已是晚上10点甚至更晚。

无数次从噩梦中惊醒，无数次希望这一切仅仅是个噩梦。但陌生的床铺、侧漏进来的亮光，乃至空气中弥漫的味道，都在提醒我，这不是梦。至今还能回忆起西总布胡同出租屋里的那种气味，很特别，不好闻。

这样的生活日复一日，我并没有告诉太多人自己在哪儿，甚至将电话设置了静音。37 岁之前的那个我，已经在这个社会上消失了。因为我很清楚，自己的人生，从接到那个电话的时刻开始，已然改变。在某种程度上，什么都没有改变，改变的可能只是我自己吧。

同样是在这一年，我的硕博士导师被查出罹患阿尔茨海默病。

几天前，看着蜷缩在养老院病床上两眼空洞、骨瘦如柴的老师，突然为已经去世的母亲感到庆幸。或者，我是在为自己感到侥幸吧。如果母亲得的不是夺走生命的癌症，而是夺走魂灵的阿尔茨海默病，需要我自己付出的代价是不是就不会仅仅是一年，而是十年，甚至更久？我是不是也会因此成为一名"消失的劳动者"？

日本放送协会特别节目出品的纪录片质量不俗，甚至可以比作鲁迅笔下身处铁屋子里的呐喊者。必须承认，战后日本社会像一个无比巨大的集中治疗室，大规模地生产出了努力工作、尽情享乐的公民，但这些公民对于生命中更深层次的内涵却毫无知觉，处于一种不死但又绝对不清醒的特别状态。正是在这种语境下,《消失的劳动者》一书所蕴含的批判力与反思力才更显有力。

应当提醒各位的是,即便不在阅读的过程中代入式地反思自己的未来,是否也应当从个人而非社会的层面体察书中的几位受访者的细微感受。社会固然需要年富力强的劳动力作为生产者和消费者以维持正常运转,但恐怕正常运转的社会,更需要的是拥有丰富内心与情感的个体。试问没有消失的劳动者中,又有多少能畅快号啕的正常人呢?

因为经历过,才会对此有所感悟,但绝对不是必须经历,才能彻底清楚。

谨以此文,纪念曾经的自己,献给现在的你们、未来的我们。

李立丰